A EXPOSIÇÃO ORAL

COMITÊ EDITORIAL DE LINGUAGEM

Anna Christina Bentes

Edwiges Maria Morato

Maria Cecilia P. Souza e Silva

Sandoval Nonato Gomes-Santos

Sebastião Carlos Leite Gonçalves

CONSELHO EDITORIAL DE LINGUAGEM

Adair Bonini (UFSC)

Ana Rosa Ferreira Dias (PUC-SP/USP)

Angela Paiva Dionisio (UFPE)

Arnaldo Cortina (UNESP – Araraquara)

Clélia Cândida Abreu Spinardi Jubran (UNESP – Rio Preto)

Fernanda Mussalim (UFU)

Heronides Melo Moura (UFSC)

Ingedore Grunfeld Villaça Koch (UNICAMP)

Leonor Lopes Fávero (USP/PUC-SP)

Luiz Carlos Travaglia (UFU)

Maria das Graças Soares Rodrigues (UFRN)

Maria Luiza Braga (UFRJ)

Mariângela Rios de Oliveira (UFF)

Marli Quadros Leite (USP)

Mônica Magalhães Cavalcante (UFC)

Neusa Salim Miranda (UFJF)

Regina Célia Fernandes Cruz (UFPA)

Ronald Beline (USP)

Sandoval Nonato Gomes-Santos
A EXPOSIÇÃO ORAL
NOS ANOS INICIAIS DO ENSINO FUNDAMENTAL

1ª edição 2012

Capa e projeto gráfico: aeroestúdio
Preparação de originais: Amália Ursi
Revisão: Lucimara Carvalho; Solange Martins
Composição: aeroestúdio
Coordenação editorial: Danilo A. Q. Morales

Dados Internacionais de Catalogação na Publicação (CIP)
(Câmara Brasileira do Livro, SP, Brasil)

Gomes-Santos, Sandoval Nonato
    A exposição oral: nos anos iniciais do ensino fundamental /
Sandoval Nonato Gomes-Santos. – 1. ed. – São Paulo : Cortez, 2012. –
(Coleção Trabalhando com ... na escola)

    Vários colaboradores.
    Bibliografia.
    ISBN 978-85-249-1901-5

    1. Comunicação oral – Estudo e ensino 2. Ensino fundamental
3. Falar em público – Estudo e ensino 4. Linguagem – Estudo e ensino
5. Professores – Formação 6. Sala de aula – Direção I. Título. II. Série.

12-03349   CDD-410.7

Índices para catálogo sistemático:
    1. Gênero exposição oral para alunos do ensino fundamental :
    Linguagem : Estudo e ensino 410.7

Nenhuma parte desta obra pode ser reproduzida
ou duplicada sem autorização expressa do autor e do editor.

© 2012 by Autor

Direitos para esta edição
CORTEZ EDITORA
R. Monte Alegre, 1074 – Perdizes
05014-001 – São Paulo – SP
Tel.: (11) 3864-0111 Fax: (11) 3864-4290
E-mail: cortez@cortezeditora.com.br
www.cortezeditora.com.br

Impresso no Brasil – abril de 2012

*Falar em público, em minha infância e
adolescência, no início dos anos de 1980,
era um exercício que se fazia da casa para
a escola, dela para o movimento estudantil
e o grupo de teatro, deles para os grupos de
jovens e as comunidades eclesiais de base.
Foi neste cenário que cresci e onde comecei
a dar voz a minha existência.*

*A fala se amplificou com a docência
para crianças na Escola de Aplicação da
Universidade Federal do Pará (EA-UFPA),
no início dos anos de 1990 e, mais adiante,
para graduandos e pós-graduandos
de universidades brasileiras.*

*Por isso, este livro é para mim um reencontro,
com meus amigos e com meus alunos,
de hoje e de longe. Que aprendemos a falar
em público ouvindo as vozes das ruas,
lá onde bate a vida.*

*Dedico-o
às crianças da EA-UFPA,
com quem me fiz professor.*

*a Alessandra, Aline e Wecsley,
e a todas as crianças de nossa casa.*

SUMÁRIO

Apresentação **9**

Uma questão na ponta da língua: *o que é expor?* **15**

PARTE UM: Planejando a exposição

Capítulo 1: O acervo de informações **21**
    Lendo um artigo de divulgação científica **24**
    Ouvindo uma entrevista **30**
    Assistindo a um programa **37**
    Dois aspectos gerais **45**
    Sugestões de atividades **49**

Capítulo 2: A recomposição das informações **59**
    Selecionando as informações **60**
    Sumarizando as informações **70**
    Roteirizando as informações **75**
    Sugestões de atividades **80**

PARTE DOIS: Realizando a exposição

Capítulo 3: O roteiro em ação **89**
    A exposição sobre cobras **91**
    Como se organiza globalmente a exposição **94**

Como funciona a exposição **99**
    Estratégias de gestão interacional da exposição **100**
    Estratégias de progressão do tema da exposição **103**
        Exemplificação **103**
        Reformulação **105**
        Narrativização **108**
        Comentário **110**
Sugestões de atividades **112**

Capítulo 4: Recursos semióticos da exposição 119
    Recursos prosódicos **120**
    Expressividade facial e olhar **122**
    Gestualidade **123**
    Sugestões de atividades **128**

Capítulo 5: A reação do auditório 133
    Ler ou explicar? **136**
    Sugestões de atividades **141**

Outra questão na ponta da língua: por que expor? 145
Normas de transcrição 149
Referências 151

Índice de figuras 155
Sobre a coleção Trabalhando com... na escola 157

APRESENTAÇÃO

O terceiro volume da Coleção *Trabalhando com ... na escola* enfoca uma importante e atual questão do campo do ensino e aprendizagem de línguas: como fazer com que os alunos aprendam desde cedo a falar em público sobre temas complexos e distantes de seu cotidiano? Pode parecer que essa questão entre em conflito com a mais propagada tarefa da escola: ensinar a ler e a escrever.

Este livro nos ajuda a compreender que ler, escrever, falar e ouvir são habilidades que estão intrinsecamente relacionadas e que podem e devem ser trabalhadas de forma integrada na escola.

Para dar conta dessa tarefa, o autor, Sandoval Nonato Gomes-Santos, faz dois recortes precisos: (i) elege como objeto de trabalho a exposição oral, gênero textual que os alunos precisam manejar de forma eficaz ao longo de toda a sua vida escolar; e (ii) privilegia o trabalho com a exposição oral nos primeiros anos do ensino fundamental, período ao longo do qual muito pouco se investe no desenvolvimento de competências orais ligadas a contextos formais de fala.

Ao longo da obra, veremos que é importante compreender melhor a natureza da exposição oral porque, segundo o autor, ela assume na escola uma dupla função: é, ao mesmo tempo, um instrumento de trabalho do professor – afinal, grande parte das atividades de ensino é organizada por meio de exposições orais – e uma tarefa escolar importante a ser realizada pelo aluno – a de transmitir aos outros os conhecimentos aprendidos.

Um primeiro mérito da obra reside no fato de que o autor inova ao tratar de forma mais aprofundada uma faceta pouco discutida em outros trabalhos sobre o gênero exposição oral: as ações fundamentais do expositor para que ele possa levar adiante o objetivo de compartilhar com um determinado auditório informações e pontos de vista sobre um determinado assunto.

Um segundo mérito da obra é o de ser resultado do trabalho desenvolvido pelo próprio autor como professor de crianças dos primeiros anos do ensino fundamental. Essa experiência de levar os alunos a desenvolver habilidades e competências relacionadas ao ato de expor oralmente possibilitou a elaboração tanto de uma descrição refinada das ações e dos gêneros pressupostos pela exposição oral como de sugestões para o trabalho do professor em sala de aula.

A obra está dividida em duas partes: a primeira, intitulada "Planejando a exposição", que contém os capítulos 1 e 2, e a segunda, intitulada "Realizando a exposição", que contém os capítulos 3, 4 e 5. Ao final de cada capítulo, o autor propõe algumas sugestões de atividades a serem desenvolvidas em sala de aula focadas nas competências e habilidades discutidas naquele capítulo.

No Capítulo 1, o autor escolhe discutir como o expositor deve entrar no universo de informações que estão disponíveis para ele sobre o tema a ser tratado. Para o autor, o expositor deve iniciar sua incursão no acervo multissemiótico de informações por meio de um conjunto de posturas: como um investigador que indaga e um indagador que lê diversos textos, escuta e assiste a diversos programas, todos de divulgação científica.

No Capítulo 2, o autor propõe olhar mais de perto uma tarefa fundamental do expositor: a de recomposição das informações do acervo por meio de operações como as de selecionar, sumarizar e roteirizar. O autor mostra que a seleção das informações está intimamente relacionada com a detecção de conteúdos, objetivos e estruturação linguístico-textual comuns e diversas relativas ao acervo construído. Também mostra que a sumarização das informações presentes no acervo pressupõe outras operações específicas, tais como a exclusão de porções textuais inteiras, a substituição de expressões e a adaptação/rearranjo de estruturas sintáticas. Por fim, o autor também mostra que a roteirização das informações está diretamente relacionada às decisões do expositor em relação à importância e ao grau de abrangência das informações do acervo.

No Capítulo 3, que inicia a parte que tematiza a realização propriamente dita da exposição oral planejada, "entra em cena a capacidade do expositor de dar voz ao roteiro elaborado". Para o autor, "é nesse momento que ele adquire o estatuto de **vocalizador** ou **animador** de palavras". De forma a dar melhor visibilidade a este momento, o autor não apenas apresenta como alunos do 4º ano do ensino fundamental realizam uma exposição sobre determinado assunto, como também analisa a **estrutura global dessa exposição e o seu funcionamento**. Ainda neste capítulo, o autor mostra que o funcionamento da exposição oral está ligado a determinadas estratégias linguísticas e textuais que marcam a maneira como o expositor se relaciona com o seu auditório e a maneira como faz o texto progredir tematicamente.

No Capítulo 4, o autor trata, com base em outros trabalhos sobre o gênero exposição oral, dos recursos semióticos que constituem toda exposição oral, mais especificamente, da prosódia, da expressividade facial, do olhar e da gestualidade. Analisando os recursos semióticos mobilizados no curso das exposições de alunos de 4º ano do ensino fundamental, o autor mostra que esses recursos funcionam como formas de marcar, por exemplo, a abertura e o fechamento da exposição – no caso dos recursos prosódicos –, a seleção e a distribuição da fala dos expositores – no caso do olhar e da gestualidade –, e a promoção da progressão temática do texto – também no caso da gestualidade.

No Capítulo 5, o autor analisa a reação do auditório à exposição feita pelos colegas. Neste sentido, pode-se dizer que o capítulo fecha o processo que começou com o planejamento da exposição e terminou com a realização da exposição por parte dos alunos. Mas também é um capítulo que abre, que inicia um novo ciclo, que pode levar a uma refacção da exposição em função das observações feitas e/ou que pode levar à realização de novas exposições orais que considerem as críticas produzidas pelo auditório.

Esta obra que ora apresentamos ao público tem muitas qualidades acadêmicas e aplicadas, algumas delas já anteriormente ressaltadas. Mas ela também se caracteriza por uma grande sensibilidade – ao fazer a transposição de conteúdos acadêmicos para uma linguagem acessível, mas que preserva todo o rigor característico da produção científica – aliada ao engajamento com o trabalho docente de qualidade, seja ele em que nível for, característico da produção dos grandes mestres do conhecimento. Por isso, termino essa apresentação enfatizando que esta obra nos ajuda a compreender a fala/escrita de Ítalo Calvino, para quem o uso da palavra é como uma "perseguição incessante das coisas, adequação à sua infinita variedade".

Anna Christina Bentes
Coordenadora da Coleção *Trabalhando com ... na escola*
Fevereiro de 2012

UMA QUESTÃO NA PONTA DA LÍNGUA:
O QUE É EXPOR?

Costuma-se dizer que na escola o aluno entra mudo e dela sai calado. Este livro apresenta outra proposta: a escola é lugar para aprender também a falar. Para trabalhar esta proposta, o livro retoma uma das atividades mais presentes na cultura escolar – a atividade de expor oralmente em público.

Baseado em experiências de implementação de projetos de ensino da exposição oral para alunos do ensino fundamental de uma escola pública brasileira, o livro acompanha o professor pelos caminhos que pode percorrer para ensinar seus alunos a falar em público.

Na escola, a exposição toma uma feição especial, assume um caráter compartilhado, em um formato bastante conhecido como seminário. Nessa configuração de seminário, a exposição é uma ação conjunta, o que supõe as habilidades de negociação de papéis, de atenção focada, de tomada e manutenção da fala, entre outras. Trata-se de habilidades que exigem, em grande medida, o trabalho de ensino para que sejam desenvolvidas e aperfeiçoadas.

Presente em muitas tradições escolares, em diferentes contextos da história da educação, a exposição cumpre, de uma forma geral, uma dupla função. Em primeiro lugar, da perspectiva do ensino, a exposição é um instrumento do trabalho do professor. Trata-se de uma ferramenta utilizada por ele em diferentes conjunturas socioculturais e históricas e com diferentes graus de importância na aula – das exposições dos antigos professores de português movendo-se sobre o tablado à frente do quadro de giz até as exposições à frente de lousas digitais da sala de aula do futuro.

Em segundo lugar, da perspectiva da aprendizagem, a exposição é uma tarefa realizada pelo aluno com a finalidade de estudar sobre determinado assunto e demonstrar o que aprendeu sobre ele. É desse ponto de vista que ela será abordada neste livro.

Mas, afinal, **o que é expor**?

Consideremos, para início de conversa, que a atividade de expor se defina por um movimento de retorno a um repertório de conhecimentos associado à finalidade de apresentá-lo a alguém. O principal aspecto dessa definição está no caráter intertextual[1] da exposição, ou seja, reside no fato de que se compreende o expositor como aquele que fundamentalmente coloca em diálogo uma multiplicidade significativa de textos. Mediar a circulação desses textos é a tarefa do expositor. Mas ele não a realiza sozinho.

Como ocorre então esse diálogo intertextual que é encenado durante a exposição oral? Primeiramente, o expositor coleta e confronta informações sobre o tema de de sua exposição, disponibilizadas em diferentes textos a que teve acesso quando a planejou. Em segundo lugar, organiza essas infor-

---

1 **Intertextualidade** é o processo pelo qual um texto remete ou faz referência a outro texto já produzido, trazendo esse texto ou apenas parte dele para seu interior. É o que acontece, por exemplo, com as várias canções do exílio escritas em referência à "Canção do Exílio" de Gonçalves Dias. Outros exemplos são a canção "Bom Conselho", de Chico Buarque, ou "Monte Castelo", de Renato Russo, entre muitos outros exemplos. Para saber mais, conferir o livro *Intertextualidade: diálogos possíveis*, das professoras Ingedore G. V. Koch, Anna Christina Bentes e Mônica Cavalcanti.

mações em um novo texto, a ser apresentado ao público para o qual se destina a exposição.

Em outras palavras, a exposição oral tem um caráter intertextual porque coloca o expositor inicialmente em relação com textos disponibilizados em diferentes mídias e suportes. Se pensarmos que esses textos constituem uma espécie de acervo de informações, a primeira ação do expositor é **decompor** esse acervo.

A isso se conjuga outra ação do expositor: **recompor** as informações do acervo em um novo texto, agora de sua autoria, com vistas a compartilhá-lo; em um primeiro momento, com o auditório por ele visado e, em eventuais circunstâncias posteriores, com outros auditórios – caso, por exemplo, de exposições audiogravadas e depois disponibilizadas em sites da internet.

Há relação intertextual, portanto, no planejamento e na realização da exposição. Há diálogo no circuito todo.

O esquema a seguir ilustra esta dinâmica interacional.

Textos do acervo ↔ Expositor ↔ Auditório visado

Decompor ↔ Recompor

Assim, estamos considerando a exposição oral um **gênero textual**[2] que agencia um conjunto amplo de textos, colocando-os em relação com outros textos, a fim de tornar público um assunto ou tema.

Essa maneira de conceber a exposição oral tem vários pontos de contato com duas outras abordagens:
• uma abordagem centrada no *conteúdo*: o foco está na criação de um estatuto de especialista para

2 **Gêneros textuais** são as múltiplas configurações que adquirem os textos em seu processo de produção e recepção: configurações de conteúdo e de composição. Essas configurações vão-se organizando em "famílias de textos" ou, para enfatizar seu caráter dinâmico, em "nebulosas de textos". Um exemplo de trabalho com o conceito de gênero é o desenvolvido por Francisco Alves Filho, no livro *Gêneros jornalísticos: notícias e cartas de leitor*, da mesma coleção *Trabalhando com... na escola*.

o expositor, em cuja base estão as motivações de desenvolver no aluno métodos de estudo e de incrementar as capacidades de análise, de síntese e de aplicação de conhecimentos;

• uma abordagem centrada na *elocução:* o foco está na performance do expositor diante do auditório. Daí que uma das motivações para que os alunos aprendam a fazer exposições é, por exemplo, que percam a inibição quando em situação de fala pública.

Ao longo dos próximos capítulos deste livro, percorreremos os caminhos que levam do planejamento de uma exposição oral até sua realização, apresentando e discutindo exemplos de atividades escolares e de exposições realizadas por crianças dos primeiros anos do ensino fundamental.

O livro é um convite, ao professor de língua portuguesa e de outras disciplinas escolares, para uma conversa sobre os desafios de ensinar um gênero textual familiar, mas nem sempre bem conhecido. Para você, professor, o livro se apresenta como uma caixa de ferramentas a ser recomposta em novas sequências de ensino, com os ajustes que diferentes turmas e situações exigirem.

PARTE UM
PLANEJANDO A EXPOSIÇÃO

CAPÍTULO 1
O ACERVO DE INFORMAÇÕES

Quando expomos sobre um determinado assunto, atuamos sobre um repertório de conhecimentos organizados em textos que circulam em suportes diversos nas diferentes mídias de comunicação. Estamos falando do acervo de informações sobre o tema da exposição.

Trata-se de um acervo multissemiótico, já que os textos que o compõem podem combinar a linguagem verbal com outros registros semióticos[1], como ocorre no caso das histórias em quadrinhos, das narrativas cinematográficas, das páginas da Internet ou das peças de teatro. Neles, a linguagem verbal pode estar associada a imagens fixas e animadas, cores, trilhas sonoras, gestos, entre outras semioses.

Em tempo de grande expansão das mídias digitais, o acesso a informações tornou-se mais amplo na sociedade: em qualquer *lan house* da esquina de sua residência, a criança e o jovem podem entrar em contato com um conjunto diversificado de informações. Em muitos casos, e com relação a determinados temas, o aluno pode dispor de um conjunto de informações mais amplo do que dispõe o professor.

> 1 **Registros semióticos** ou semioses (também chamados de outras linguagens) são modos de representação que se utilizam de outros sistemas de signos, como imagens, sons e gestos, por exemplo.

Qual seria então a função do professor e da escola em uma sociedade altamente textualizada?

Essa função pode ser pensada muito menos em termos de transmissão de informações, e mais em termos de mediação do acesso da criança e do jovem ao universo de informações que lhes são disponibilizadas a todo momento. O professor pode até não saber mais que o aluno sobre determinado tema, mas pode ensiná-lo a lidar com o repertório de informações a que tem acesso, o que significa ensinar a identificá-las, a reagrupá-las, a estabelecer associações entre elas etc. Em outras palavras, como parceiro mais experiente e com um percurso de contato com os textos mais duradouro, o professor tem o papel de interferir no, orientar e organizar o acervo de informações disponíveis.

O acesso às fontes de informações está entre as primeiras tarefas do expositor: como um detetive, ele traça caminhos para chegar aos dados de que precisa e pode refazer continuamente esses caminhos caso julgue que o percurso escolhido não é o mais adequado ou que as informações recolhidas não são suficientes para desvendar o assunto que pretende conhecer e dar a conhecer.

Nessa tarefa, a primeira habilidade do expositor é provavelmente **indagar**. Podemos, então, pensar que o expositor é, antes de tudo, um **investigador que indaga**. Mas como se compõe a matéria-prima do acervo de informações?

Entre os diversos componentes da matéria-prima do acervo estão dois conjuntos complementares de informações:

- informações sobre o *tema* que será explorado na exposição; e

- informações sobre *como* se faz uma exposição, ou seja, como se estruturam as exposições sobre o tema em foco ou sobre outros temas.

É importante lembrar que esse acervo não se encontra disponível como um bloco que pode ser abarcado de uma única vez e sempre da mesma maneira. Como faz o detetive, o aluno que planeja sua exposição vai seguindo pistas de informações, juntando algumas, separando outras, e provavelmente jamais conseguirá ter acesso à totalidade de informações do acervo, ou seja, nunca será uma biblioteca ambulante. É isto que torna sua tarefa estimulante: saber que sempre haverá uma pegada a ser seguida, algo a investigar!

Assim, para mediar o acesso do aluno às informações, o professor pode-se valer de atividades que promovam maneiras diversas de apreendê-las e de elaborar perguntas sobre elas, ensinando o aluno a decompor o acervo de forma processual e progressiva. Como se trata de um acervo multissemiótico, as atividades propostas podem incrementar paulatinamente as maneiras de **ler**, **ouvir** e **assistir** (a)os textos do acervo de informações.

Vejamos, a seguir, três textos multissemióticos disponíveis na mídia digital que podem muito bem servir tanto de instrumento de ensino da exposição, pelo professor, quanto de fonte de pesquisa para o aluno. Como veremos, o tema transversal a todos eles é *Raio/Trovão*.

A ordem com que os apresentamos é apenas uma possibilidade, sendo do professor a decisão de como distribuí-los em seu projeto de ensino da exposição, conforme o perfil de seus alunos, os objetivos de seu projeto de ensino e as condições materiais de que dispõe para o trabalho.

Lendo um artigo de divulgação científica

Os documentos escritos são fonte inesgotável de informações para a exposição. Fonte prestigiada de registro do patrimônio historicamente construído pela humanidade. Daí que talvez nem uma outra habilidade seja tão central na tarefa do expositor do que ler. Pode-se dizer mesmo que a qualidade da exposição decorre do tipo de leitura feita pelo expositor; a exposição seria, assim, um registro, um indício, não apenas de um conteúdo, mas principalmente da maneira com que o expositor leu os textos do acervo.

Já dissemos que o expositor é um **investigador que indaga**. Especificando essa qualificação, talvez se possa considerá-lo principalmente um **indagador que lê**, ou seja, **um leitor**.

O texto apresentado a seguir encontra-se alojado na página digital da Revista *Ciência Hoje das Crianças*, no endereço eletrônico <http://chc.ciencia hoje.uol.com.br/noticias/geografia/raios?>. Este é um dado relevante porque talvez nunca se tenha lido e escrito de modo tão extensivo como atualmente, e as mídias digitais tem grande participação nesta intensa circulação da escrita na sociedade, não apenas como suporte do escrito – telas de telefones celulares, de computadores etc. –, mas também como conjunto de ferramentas de registro, tratamento e distribuição da escrita. Isso nos leva a pensar cada vez mais sobre o impacto dessas mídias na maneira com que lemos.

Quem assume a tarefa de expor no texto é Bruno Magalhães, que integra o Instituto Ciência Hoje. Seu público privilegiado é o público infantil, crianças que têm acesso às publicações do Instituto e, principalmente, à versão eletrônica da Revista.

O texto dispõe-se na porção central da página, emoldurado por um conjunto de *links*[2] que encaminham o leitor para outros ambientes do *site* da Revista, além de imagens fixas e animadas do *logo* da Revista e de seus personagens e de anúncio das publicações do Instituto Ciência Hoje.

[2] Na linguagem da internet, conforme nos explica o professor Luiz Fernando Gomes, em seu livro *Hipertexto no cotidiano escolar*, desta mesma coleção, "O **link** pode ser entendido como uma área dentro de um texto que é a fonte ou o destino da ação de clicar (...). O link pode ser todo o conteúdo (por exemplo, os textos/imagens tipo pop-up) ou parte dele. Tipicamente, clicar com o mouse sobre a área de um link resulta em chegar-se ao seu destino. Os links tendem a ser destacados, visíveis. Podem também ser representados por um símbolo especial, um botão, um ícone, palavras ou conjunto de palavras (p. ex.: "veja também", "ouça a música", "fazer login" ou "home", etc.). O link é, portanto, um elemento de navegação (...)"(2011, p. 26-7).

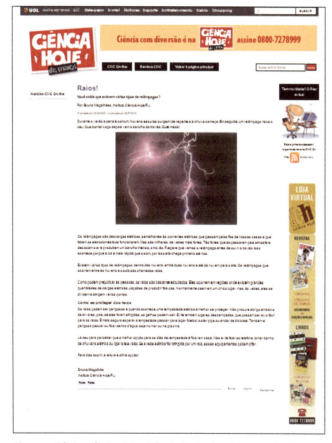

Figura 1. Página da Revista *Ciência Hoje das Crianças On-Line*.

Disponível em: <http://chc.cienciahoje.uol.com.br/noticias/geografia/raios?>. Acesso em: 30 jan. 2012.

O título *Raios!* grafado em azul é acompanhado pela pergunta *Você sabia que existem vários tipos de relâmpagos?*

Além de convocar o leitor para a leitura do texto pelo conhecido *Você sabia* (muito presente em verbetes de almanaques ou em seções de curiosidade científica em suplementos de jornais, entre outros espaços de circulação), a pergunta especifica o assunto do texto – *tipos de relâmpagos*.

O nome do autor do texto – Bruno Magalhães –, sua filiação institucional (Instituto Ciência Hoje/RJ) e as datas de publicação (22/06/2000) e de atualização (28/07/2010) do texto na página aparecem logo após o título e o subtítulo.

O texto é introduzido por uma porção textual chamada de **sequência narrativa**[3]. Essa sequência apresenta um fato – uma cena de verão ilustrada por uma fotografia.

> **Durante** *o verão a cena é comum. Nuvens escuras surgem de repente e a chuva começa.* **Em seguida**, *um relâmpago risca o céu. Que bonito!* **Logo depois** *vem o barulho do trovão. Que medo!*

No desenvolvimento do texto, o autor define os conceitos de *relâmpago* e *trovão*. Para isso, utiliza-se de outra porção de texto chamada de **sequência descritiva**[4], pela qual apresenta o que é e como é o fenômeno (quais as propriedades) que está focalizando.

> *Os relâmpagos* **são** *descargas elétricas,* **semelhantes** *às correntes elétricas que* **passam** *pelos fios de nossas casas e que* **fazem** *os eletrodomésticos* **funcionarem**. *Mas* **são** *milhares de vezes* **mais fortes**. *Tão fortes que ao passarem pela atmosfera* **deslocam** *o ar e* **produzem** *um barulho intenso, o trovão.*

3 A **sequência narrativa** indica uma sucessão de ações que progridem no tempo. Essas ações são marcadas, em geral, por verbos de mudança no passado, mas nem sempre: notemos que, no caso do texto de Bruno, os verbos estão no tempo presente. São também marcadas por termos ou expressões indicadores de passagem do tempo, como os que aparecem no texto: *durante, em seguida, logo depois*.

4 A **sequência descritiva** focaliza um determinado objeto ou fenômeno, podendo qualificar suas características ou propriedades. Notemos que, no caso do texto em questão, são os verbos (são, passam, fazem funcionar, deslocam, produzem) que atribuem propriedades ao fenômeno descrito – relâmpago/trovão.

Mas não é suficiente para o autor apenas descrever o fenômeno, uma vez que esse procedimento pode levar o leitor a se perguntar: por que isso acontece? É assim que Bruno, logo após a descrição do fenômeno, chama a atenção do leitor (*Repare*), por meio de uma breve sequência injuntiva[5], para o fato de percebermos previamente o relâmpago e só depois o trovão.

Nesse exato momento, apresenta a causa que motiva esse fato: *a diferença de velocidade entre luz e som*. Esta breve porção do texto consiste, agora, em uma sequência explicativa[6]. As duas sequências textuais acima definidas podem ser observadas no trecho abaixo:

> *Repare que vemos o relâmpago antes de ouvir o trovão: isso acontece **porque** a luz é mais rápida que o som, **por isso** ela chega primeiro até nós.*

Na continuidade do texto e após essa explicação, Bruno descreve os tipos de relâmpagos, focalizando especificamente um deles – os *raios*.

> *Existem vários tipos de relâmpagos: dentro das nuvens, entre duas nuvens e até da nuvem para o alto. Os relâmpagos que ocorrem entre as nuvens e o solo **são** chamados raios.*

É a partir daí que passa a tratar especificamente dos *raios*, apresentando inicialmente o local em que ocorrem.

5 **A sequência injuntiva** busca convocar o destinatário do texto (no caso em questão, o leitor) para realizar uma determinada ação. Daí que um de seus traços principais é o uso de verbos no modo imperativo ou de formas verbais cujo sentido é prescritivo, como é muito comum em slogans de peças publicitárias, como o conhecido "Beba Coca-Cola", entre outros.

6 **A sequência explicativa** focaliza determinados processos pela identificação e análise, por exemplo, de suas causas e consequências. No exemplo em questão, a explicação supõe uma situação-problema inicial do leitor (Por que vemos o relâmpago antes de ouvirmos o trovão?) e consiste numa resposta a ela (Porque a luz é mais veloz que o som) que é em seguida ratificada (Por isso a percebemos primeiramente). Assim, podemos dizer que a explicação não se volta diretamente para o objeto ou fenômeno em foco, mas para a descrição que foi feita dele. Em outras palavras, a explicação se ancora em um dizer sobre o objeto. Por exemplo: uma coisa é descrever uma mesa como um móvel de madeira ou de qualquer outro material, composto por uma superfície que se apoia sobre um ou mais pés; outra coisa é explicar que a disposição dos pés é o que garante a estabilidade da superfície.

> *Como podem prejudicar as pessoas, os raios são bastante estudados. Eles **ocorrem** em regiões onde existem grandes quantidades de cargas elétricas, capazes de produzir faíscas. Normalmente **caem** em um único lugar, mas, às vezes, eles **se dividem** e **atingem** vários pontos.*

Na porção seguinte do texto, o autor focaliza as maneiras pelas quais as pessoas podem se proteger dos raios. Essa informação aparece em uma porção do texto delimitada por um subtítulo (*Como se proteger dos raios*) e ganha corpo em sequências injuntivas.

No excerto a seguir, a injunção configura-se tanto diretamente, pelo uso da forma verbal no modo imperativo (*não procure*; *evite*), quanto indiretamente, pelo uso da forma verbal no modo infinitivo (*se proteger*; *esperar*) precedida pelas expressões *é melhor* e *é mais seguro*. Notemos que o deslocamento dessas expressões para o início do enunciado enfatiza o caráter prescritivo da sequência.

> *Como se proteger dos raios*
> *Os raios podem ser perigosos e quando acontece uma tempestade elétrica **é melhor se proteger. Não procure** abrigo embaixo de árvores, pois, se elas forem atingidas, os galhos podem cair. **Evite** também lugares descampados, que possam ser alvo fácil para os raios. **É mais seguro esperar** a tempestade passar para jogar futebol, soltar pipa ou andar de bicicleta. Também é perigoso pescar ou ficar dentro d'água, seja no mar ou na piscina.*

Outras sequências injuntivas complementam a prescrição das maneiras de se proteger dos raios mesmo no ambiente do lar.

> *Já deu para perceber que a melhor opção para os dias de tempestade é ficar em casa. Mas **evite** falar ao telefone, tomar banho de chuveiro elétrico ou ligar a televisão. Se a rede elétrica for atingida por um raio, esses equipamentos podem pifar.*

O texto finaliza com uma sequência ainda de caráter injuntivo: uma sugestão ao ato de ler.

> *Para dias assim, a leitura é ótima opção!*

O nome do autor (Bruno Magalhães) e a instituição a que está vinculado (Instituto Ciência Hoje/RJ) são reiterados ao final do texto.

Em síntese

Retomemos agora o artigo de divulgação e façamos uma breve síntese dele, identificando:

- quais as informações (os **conteúdos**) que o expositor focaliza;
- quais seus **objetivos** ao focalizá-los;
- como esses conteúdos aparecem formulados (as **sequências textuais** que lhes dão corpo); e
- quais **marcas linguísticas** tornam visíveis essas sequências para o leitor.

Conteúdos em foco	Objetivos do expositor	Sequências textuais	Marcas linguísticas
• Processo de formação do relâmpago	Relato de um fenômeno	Sequência narrativa	• Expressões de progressão temporal: *durante; em seguida; logo depois*
• O que são relâmpago e trovão e diferença de percepção de ambos • Tipos de relâmpagos • O que são raios e local onde ocorrem	Definição de fenômenos ou qualificação de suas propriedades	Sequência descritiva	• Uso do predicativo associado ao verbo *ser* ou *ter*, ou a outros que qualificam o fenômeno: *existem, ocorrem, caem; se dividem; atingem* • Expressões de comparação: *semelhantes às [...]; mais fortes*
• Causa da diferença de percepção do relâmpado e de percepção do trovão: diferença de velocidade entre luz e som	Análise de processos	Sequência explicativa	• Conectores causais ou explicativos: *porque; por isso*
• Diferença de percepção do relâmpado e de percepção do trovão • Como se proteger de raios	Prescrição ou sugestão de procedimentos	Sequência injuntiva	• Forma verbal no modo imperativo (*repare; não procure; evite*) • Forma verbal no modo infinitivo, (é melhor *se proteger;* é mais seguro *esperar*)

Quadro 1. Síntese de aspectos do artigo de divulgação científica.

Ouvindo uma entrevista

Dissemos que o expositor é um **investigador que indaga** e **um indagador que lê**. Mas podemos também dizer que é um **indagador que escuta**. A habilidade de ouvir é também condição para o estatuto de expositor: ele ouve as informações do acervo, quando planeja a exposição, e ouve o auditório, durante a ou depois da realização da exposição.

Em tempo de grande prestígio de mídias como a internet, os textos cuja apreensão ocorre unicamente através do canal auditivo, como as emissões radiofônicas, reconfiguram-se, passando a circular no suporte digital. É o caso da entrevista que apresentamos a seguir, produzida pela Rádio Ciência Hoje das Crianças e disponibilizada na página da Revista *Ciência Hoje das Crianças*, no endereço eletrônico <http://chc.cienciahoje.uol.com.br/podcasts/Na%20terra%20dos%20raios.mp3/view>.

O entrevistado é o engenheiro eletrônico Osmar Pinto Junior. É ele quem assume agora a função de expositor. Ele se dirige mais diretamente à entrevistadora Mariana Ferraz, mas sua exposição se destina ao público infantil que tem acesso às emissões da Rádio Ciência Hoje.

A entrevista é introduzida por uma breve vinheta, a que se segue a fala da entrevistadora/jornalista Mariana Ferraz cujos componentes são:
- autoapresentação e saudação aos ouvintes;
- anúncio do tema da entrevista;
- apresentação do entrevistado.

Figura 2. Osmar Pinto Junior. Engenheiro do Instituto Nacional de Pesquisa Espacial (INPE)

Disponível em: <http://www.google.com/imgres?hl=pt-BR&biw=1366&bih=616&gbv=2&tbm=isch&tbnid=g_zGupYRDr7c6M: &imgrefurl=http://www.inpe.br/webelat/boletim_tecnico/php/mostrar_todos_boletins.php&docid=ZP7sakmowiYCBM&imgurl=http://www.inpe.br/webelat/boletim/php/imagem.php%253Fboletim_id%253DBT361012010&w=970&h=1463&ei=0iMjT9K4E_Ta4QSv9_CpCA&zoom=1&iact=rc&dur=325&sig=106090984168752204459&page=1&tbnh=135&tbnw=103&start=0&ndsp=21&ved=1t:429,r:0,s:0&tx=52&ty=53>. Acesso em: 30 jan. 2012.

> **Mariana Ferraz:** *olá, bem-vindos à rádio CHC, eu sou a mariana ferraz.... você sabia que o brasil é o país onde mais caem raios no mundo? são cerca de dois a cada segundo... mas* **qual seria a causa** *dessa atração eletrizante? quem explica é o engenheiro eletrônico osmar pinto junior, que há anos estuda os raios no instituto nacional de pesquisa espacial... oi osmar como vai?*
> **Osmar:** *olá, tudo bom?*

Notemos que Mariana inicia a entrevista mencionando um fato – *o Brasil é o país onde mais caem raios no mundo, cerca de dois a cada segundo*. Essa menção é introduzida pelo conhecido *Você sabia que*. Logo em seguida, a entrevistadora formula a primeira pergunta da entrevista que focaliza a causa do fato mencionado.

> **Mariana Ferraz:** *Osmar, existe uma razão para o brasil ser o país onde mais caem raios no mundo?*
> **Osmar:** *existe, e a razão é bem simples.... é: o brasil é o maior país da região tropical do planeta... esta região, por ser mais quente, favorece a formação de mais tempestades, e tendo mais tempestades, nós **temos mais raios***
> **Mariana Ferraz:** *então, digamos que é basicamente uma questão de tamanho mesmo? ah ah ah ah*
> **Osmar:** *exatamente*

Observemos que a **explicação** de Osmar baseia-se em três informações: i) o Brasil é o maior país da região tropical; ii) a região tropical é a mais quente do planeta e isso favorece a formação de tempestades e iii) onde há mais tempestades, há maior incidência de raios.

É desse modo que Osmar explica as duas motivações do fenômeno descrito na pergunta de Mariana: *o tamanho do país* e *sua localização na região tropical do planeta*. Notemos, entretanto, que Mariana, ao fazer sua pergunta para dar continuidade à entrevista, recorta da resposta do entrevistado apenas uma dessas motivações: o tamanho do país.

Na continuidade da entrevista, Osmar recorre a outras informações para embasar sua primeira explicação e analisar de maneira mais aprofundada o fenômeno:

- inicialmente, Osmar compara o Brasil à República do Congo, país onde caem proporcionalmente mais raios na região tropical do planeta.

> **Osmar:** *porque se nós formos procurar, na região tropical do planeta, o local onde caem mais raios, nós iríamos ver que é lá na áfrica central, num país chamado república do congo, mas, o fato de o brasil ser um país maior que a república do congo, acaba fazendo com que o número total de raios no brasil seja maior*

- logo em seguida, menciona a quantidade de raios que caem no Brasil por segundo, informação a que a entrevistadora reage informalmente (*caramba!*).

> **Osmar:** *no brasil caem cerca de 50 milhões de raios por ano*
> **Mariana Ferraz:** *caramba*
> **Osmar:** *significa alguma coisa como dois raios por segundo*

Continuando a entrevista, Mariana Ferraz retoma a constatação anterior (o fato de caírem muitos raios no Brasil) e propõe uma nova pergunta agora voltada para a maneira de se proteger deles.

> **Mariana Ferraz:** *e osmar, já que a gente mora então na TERRA dos raios, o que a gente tem que fazer para se proteger?*

> **Osmar:** *como a maioria das pessoas que são atingidas por raios estão ao ar livre, tão logo você escute um trovão, e **o trovão é o barulho associado com o raio**, tão logo você escute um trovão, significa que existem raios caindo na sua proximidade, então você escutando o trovão, **você deve interromper** o que você está fazendo ao ar livre **e procurar** um abrigo, num carro fechado ou numa residência*

Para responder à questão da entrevistadora, Osmar descreve outra propriedade do fenômeno – *os raios atingem pessoas que estão ao ar livre* – e apresenta a definição de trovão como indício do raio – *o barulho associado com o raio*. Isto para, ao final, indicar o modo de proteção. Nesse momento, sua resposta ganha um formato prescritivo, organiza-se em uma **sequência injuntiva** – *você deve interromper... e procurar*.

Chegando ao fim da entrevista, Mariana Ferraz propõe uma terceira e última pergunta, introduzida pela menção de um ditado popular, sobre a probabilidade de queda de raios mais de uma vez em um mesmo lugar.

> **Mariana Ferraz:** *ah é MUIto bom saber... agora osmar, uma última curiosidade, com certeza você e os nossos ouvintes conhecem o ditado que diz que um raio nunca cai duas vezes no mesmo lugar... esse ditado tem alguma base científica?*
> **Osmar:** *não, esse ditado*
> **Mariana Ferraz:** *[hehehe*
> **Osmar:** *é uma lenda, é um mito, né?... na verdade, um raio cai, duas, três, quarto, VÁRIAS vezes no mesmo lugar... é interessante que este mito ele tem uma origem*

> *muito antiga dentro do brasil... o índio brasileiro, ele acreditava nisso... e tanto que ele acreditava que ele fazia uma coisa muito curiosa, **quando** um raio caía numa árvore, ele ia lá, pegava um pedaço do tronco da árvore e fazia um colar uma pulseira para andar com ele... **porque** ele imaginava assim, se o raio já caiu nessa árvore, e se esse pedaço de árvore está comigo, e como um raio não cai duas vezes no mesmo lugar, ele não vai cair em mim de novo*
>
> **Mariana Ferraz:** *hehehe, muito bom, muito bom a história*
>
> **Osmar:** *[hehehe... esta era a ideia*

É curioso observar a inserção pelo entrevistado de um mito de origem indígena, por meio de uma **sequência narrativa**, para explicar a origem do ditado popular e afirmar a constatação científica de possibilidade de queda recorrente de raios em um mesmo lugar.

Finalmente, Mariana Ferraz agradece o entrevistado, acrescenta informação de como adquirir mais informações sobre o tema e se despede dos ouvintes. Depois disso, dá-se o retorno da vinheta do início, agora para finalizar a entrevista.

> **Mariana Ferraz:** *obrigada osmar por falar a radio chc*
>
> **Osmar:** *ok, de nada*
>
> *((dois toques de sineta))*
>
> **Mariana Ferraz:** *curioso para saber mais sobre raios e relâmpagos?... então conheça o trabalho do grupo de eletricidade atmosférica, que é coordenado pelo osmar, nosso entrevistado de hoje... o endereço do grupo na internet é www.inpe.br/elat... eu sou mariana ferraz e esta é a radio chc... tchau*

Em síntese

Do mesmo modo como fizemos com o artigo de divulgação, retomemos agora a entrevista e façamos uma breve síntese dela, identificando os **conteúdos** da exposição de Osmar e os **objetivos** do expositor, as **sequências textuais** que dão corpo aos conteúdos e as **marcas linguísticas** que tornam visíveis essas sequências.

Conteúdos em foco	Objetivos do expositor	Sequências textuais	Marcas linguísticas
• Incidência maior de raios em situação de maior incidência de tempestades • O que é trovão.	Definição de fenômenos ou qualificação de suas propriedades	Sequência descritiva	• Uso do predicativo associado a verbos que qualificam o fenômeno, como o verbo *ser* (*o trovão é*) e o verbo *ter* no sentido de *existir* (*tendo mais... temos mais raios*)
• Motivações para a intensa incidência de raios no Brasil • Recorrência de incidência de raios em um mesmo lugar, segundo o mito indígena	Análise de processos	Sequência explicativa	• Articulação entre causa e efeito: *tendo mais (...) temos mais.* • Conectores causais: *porque*
• Como se proteger de raios	Prescrição ou sugestão de procedimentos	Sequência injuntiva	• Uso de verbos (modais ou não) no imperativo (*deve interromper* e *procurar*)
• Recorrência de incidência de raios em um mesmo lugar	Relato de um fato	Sequência narrativa	• Expressões de progressão temporal: *quando*

Quadro 2. Síntese de aspectos da entrevista.

Assistindo a um programa

Filmes, animações, programas televisivos e outros produtos das mídias eletrônica e digital estão entre as fontes a serem exploradas na busca de informações para a exposição. Dissemos anteriormente que o expositor é um **investigador que indaga** e que isso envolve as habilidades de **ler** e de **ouvir**.

Poderíamos dizer agora que outra habilidade implicada na coleta de informações é **assistir**. O expositor é também, portanto, um **indagador que assiste**. Trata-se de uma habilidade que pode se agregar às outras duas, uma vez que exige do expositor acionar conjuntamente o canal auditivo e o visual.

É o que ocorre quando lidamos com um programa como *De onde vem?*, produzido pela TV Cultura de São Paulo, série de episódios em torno da exposição de determinados temas e destinados ao público infantil.

O programa organiza-se em episódios cujo formato se reitera: há uma personagem chamada Kika. Incitada pela curiosidade em relação a temas os mais diversos, a personagem criança busca respostas à questão que dá nome ao programa. As respostas, todavia, pressupõem perguntas. É o que faz a personagem diante do acervo de informações organizadas em textos multissemióticos que lhe são apresentados.

Vejamos mais de perto o episódio *De onde vêm o raio e o trovão?* disponibilizado no endereço eletrônico <http://www.youtube.com/watch?v=oQLyNQCGuyI> para perceber como se organizam as informações sobre esse tema. O expositor, nesse caso, é a personagem *Raio-Trovão*. Ele se dirige mais direta-

Figura 3. Abertura do Programa *De onde vêm o raio e o trovão*.

Disponível em: <http://www.youtube.com/watch?v=MglbJmlltoo>. Acesso em: 30 jan. 2012.

mente a Kika, que representa o protótipo da criança curiosa.

O episódio é introduzido por uma vinheta animada e se inicia com uma situação familiar que instiga a curiosidade da menina: na televisão da família aparece a imagem de um meteorologista informando a previsão do tempo:

Figura 4. Meteorologista portando capa e guarda-chuva.

Disponível em: <http://www.youtube.com/watch?v=MglbJmlItoo>. Acesso em: 30 jan. 2012.

> *vamos agora à previsão do tempo em todo o brasil... a meteorologia prevê a chegada de uma frente fria, provocando uma forte tempestade em toda a cidade*

Kika observa da janela de sua casa a tempestade que se forma e exclama: — *xiii... acho que vai cair um TORÓ!* Sua mãe chega, desliga a televisão e, fechando rapidamente as janelas da casa, exclama: — *céus... uma tempestade... um raio... um trovão.*

Inicia-se, então, um diálogo entre Kika e sua mãe, e a menina, ocupando o centro da tela, faz a pergunta que desencadeia o episódio: — *ué, mãe, de onde vêm o raio e o trovão?* Sua mãe responde que vem *lá do céu.* Kika reclama: — *ninguém entende as minhas perguntas.*

A essa queixa da menina interpõe-se a voz do Raio-Trovão, que trava um diálogo com a personagem:

Figura 5. Diálogo entre a personagem Kika e a personagem Raio-Trovão.

Disponível em: <http://www.youtube.com/watch?v=MglbJmlItoo>. Acesso em: 30 jan. 2012.

> **Raio-Trovão:** *EU ENTENDO kika*
> **Kika:** *credo, que raio de voz é essa?*
> **Raio-Trovão:** *é a voz do raio... a minha voz é tão forte quanto um TRO-VÃO*
> **Kika:** *então me explica seu raio com voz de trovão, de onde vem o raio e o trovão?*

Essa situação inicial é toda emoldurada por sonoplastia de fundo – falas e sons de raios e trovões. Em resposta à pergunta de Kika, o Raio-Trovão inicia sua exposição pela definição do conceito de *raio*. Essa definição é formulada em uma **sequência descritiva** que focaliza a propriedade central do fenômeno: sua carga elétrica.

> os raios **são** descargas elétricas produzidas dentro das nuvens da tempestade

← Figura 6. Relâmpagos e trovões.

Disponível em: <http://www.youtube.com/watch?v=MglbJmlltoo>. Acesso em: 30 jan. 2012.

Figura 7. Processo de formação do raio.

Disponível em: <http://www.youtube.com/watch?v=MglbJmlltoo>. Acesso em: 30 jan. 2012.

Em seguida, em uma longa **sequência narrativa**, passa a relatar o processo de formação do raio.

> as cargas elétricas das nuvens atraem as cargas elétricas do solo... **depois de um tempo** as cargas do solo sobem em direção à nuvem e as cargas da nuvem descem em direção ao solo

Figura 8. Processo de formação do raio.

Disponível em: <http://www.youtube.com/watch?v=MglbJmlltoo>. Acesso em: 30 jan. 2012.

> esse é o caminho do raio... **quando** as duas cargas se encontram, acontece a descarga

Figura 9. Processo de formação do raio.

Disponível em: <http://www.youtube.com/watch?v=MgIbJmlItoo>. Acesso em: 30 jan. 2012.

e um lindo raio BRILHANTE como eu cai em zigue-zague na direção da terra

com o raio, um enorme clarão luminoso se forma em minha volta... é o FAMOSO relâmpago... **um pouco depois** *escutamos o TROVÃO*

Imediatamente após, antecipando uma eventual reação de Kika, o Raio-Trovão **explica** a razão da diferença de percepção do raio com relação à percepção do trovão: a diferença de velocidade entre luz e som.

Figura 10. Processo de formação do raio.

Disponível em: <http://www.youtube.com/watch?v=MgIbJmlItoo>. Acesso em: 30 jan. 2012.

esta diferença de tempo entre o relâmpago e o trovão acontece **porque** *a velocidade da luz é muito maior do que a velocidade do som*

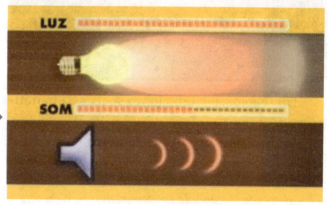

Figura 11. Diferença de velocidade entre luz e som

Disponível em: <http://www.youtube.com/watch?v=MgIbJmlItoo. Acesso em: 30 jan. 2012.

Buscando tornar mais clara sua explicação, o Raio-Trovão convida Kika, por meio de uma sequência injuntiva (*olhe, experimente*), a acompanhar um exemplo: relata a ação de um garoto atirando uma pedrinha na água sobre a qual um barquinho de papel flutua e o efeito causado.

> *olhe* só este exemplo... **experimente** atirar uma pedrinha na água, perto de um barquinho de papel... você vai ver umas ondinhas se formarem em volta do lugar onde a pedra caiu

Figura 12. Garoto atirando pedra.
Disponível em: <http://www.youtube.com/watch?v=MgIbJmIltoo>. Acesso em: 30 jan. 2012.

> *um tempo depois*, o movimento da água vai chegar até o barquinho e ele irá balançar... é assim que o som se propaga

Na continuidade de sua exposição, o Raio-Trovão define, agora, o *trovão*:

> o TROVÃO **é** um tremendo BARULHÃO kika

Figura 13. Garoto atirando pedra.
Disponível em: <http://www.youtube.com/watch?v=MgIbJmIltoo>. Acesso em: 30 jan. 2012.

Imediatamente depois, passa a relatar, também em uma **sequência narrativa**, o processo de formação do trovão. Notemos que entremeando o relato desse processo são apresentadas duas informações, assinaladas em cor azul logo abaixo: em primeiro lugar, descreve-se *em que situação se formam os raios e os trovões* e, em segundo lugar, define-se *o que são as nuvens chamadas de cumulus nimbus*.

> um ar ao redor de um raio fica super quente, **e** CRESCE, provocando uma EXPLOSÃO... **aí** as nuvens são empurradas e provocam este estrondo ES-PE-TA-CU-LAR
>
> raios, relâmpagos e trovões **aparecem em** fortes tempestades como as de hoje... as nuvens de tempestade **são** chamadas de cumulus nimbus e se formam a quase vinte quilômetros do chão

Figura 14. Formação do trovão.
Disponível em: <http://www.youtube.com/watch?v=MgIbJmIltoo>. Acesso em: 30 jan. 2012.

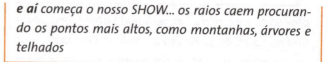

e aí começa o nosso SHOW... os raios caem procurando os pontos mais altos, como montanhas, árvores e telhados

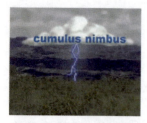

Figura 15. Nuvens *Cumulus Nimbus*.

Disponível em: <http://www.youtube.com/watch?v=MgIbJmIItoo>. Acesso em: 30 jan. 2012.

Neste ponto, Kika aparece em primeiro plano na tela indagando se o raio poderia derrubar sua casa. O Raio-Trovão adverte que existem os para-raios, mencionando onde são instalados e qual sua função, além de seu inventor, Benjamin Franklin, cujo nome e fotografia são superpostos na tela.

Figura 16. Benjamin Franklin.

Disponível em: <http://www.youtube.com/watch?v=MgIbJmIItoo>. Acesso em: 30 jan. 2012.

Kika: *telhados?... quer dizer que você PODE derrubar a minha CASA?*
Raio-Trovão: *ora, não se preocupe kika... aí no seu bairro tem um montão de para-raios... eles são instalados em lugares bem altos para proteger todas as casas que ficam ao redor*
o para-raio foi uma invenção do benjamin franklin, o mesmo cientista que descobriu a energia elétrica... o para-raio me atrai, e não deixa que eu faça nem um estrago

Figura 17. Para-raios. →

Disponível em: <http://www.youtube.com/watch?v=MgIbJmIItoo>. Acesso em: 30 jan. 2012.

O meteorologista reaparece, em trajes de verão e envolto em uma boia de natação, anunciando tempo bom.

> e depois da tempestade, a meteorologia prevê tempo claro e sol em todo o brasil.

Figura 18. Meteorologista em trajes de verão envolto em boia de natação.

Disponível em: <http://www.youtube.com/watch?v=MglbJmlltoo>. Acesso em: 30 jan. 2012.

Kika anuncia então para sua mãe que a tempestade havia acabado (*MÃÃÃÊÊ, a tempestade acabou*) e ela reage positivamente à notícia: — *ufa que alívio... eu odeio raios, relâmpagos e trovões*. A menina adverte não haver necessidade de aflição porque no bairro em que moravam havia para-raios.

Passa-se, aqui, à parte final do episódio, em que a menina expõe para sua mãe as informações a que teve acesso. Notemos que a exposição de Kika compõe-se de uma sequência que **descreve** passo a passo o processo de formação do raio-trovão. O modo como as informações são descritas, justapostas umas às outras e ligadas pela repetição do pronome *que*, dá à exposição da menina um tom narrativo.

> **Kika:** *que é isso mãe?... aqui no nosso bairro tem para--raio e ele atrai os raios **que** se formam nas nuvens cumulus nimbus, **que** tem uma carga negativa **que** atrai a carga elétrica do solo, o encontro delas provoca uma descarga **que** é o raio, **que** cai em zique-zague em direção ao chão, produzindo um clarão, **que** é o relâmpago, **que** esquenta o ar que provoca o trovão, **que** é um tremendo barulhão, que não me ASSUSTA NÃO*

Figura 19. Exposição da personagem Kika.

Disponível em: <http://www.youtube.com/watch?v=MglbJmlltoo>. Acesso em: 30 jan. 2012.

A mãe se surpreende com a perícia da menina e exclama: — *raios Kika... de onde vem essa tempestade de informações?*

O episódio encerra-se com a imagem da protagonista respondendo e despedindo-se do público espectador.

Figura 20. Despedida da personagem Kika.

Disponível em: <http://www.youtube.com/watch?v=MgIbJmlltoo>. Acesso em: 30 jan. 2012.

> **Kika:** *se eu contar você não vai acreditar... um tiaozinho relâmpago e até o programa que vem com mais um DE OOONDE VEM*

Em síntese

Façamos uma última síntese, agora reconstituindo o episódio apresentado do programa *De onde vem*. Como fizemos com os outros dois textos, identifiquemos nele os **conteúdos** da exposição do Raio-Trovão, os **objetivos** do expositor, as **sequências textuais** que dão corpo aos conteúdos e as **marcas linguísticas** que tornam visíveis essas sequências.

Conteúdos em foco	Objetivos do expositor	Sequências textuais	Marcas linguísticas
• O que são raios • O que é trovão • Situação em que ocorrem raios e trovões • O que são nuvens *Cumulus Nimbus* • Função de inventor do para-raios	Definição de fenômenos ou qualificação de suas propriedades	Sequência descritiva	• Uso do predicativo associado ao verbo *ser* ou *ter*, ou a outros que qualificam o fenômeno: *são, é, aparecem em*
• Processo de formação do raio • Diferença de percepção entre raio e trovão • Processo de formação do trovão	Relato e exemplificação de fenômenos	Sequência narrativa	• Expressões de progressão temporal: *depois de um tempo, quando, e, um pouco depois, um tempo depois, e, aí, e aí*
• Como se proteger de raios	Análise de processos	Sequência explicativa	• Conector causal: *porque*.
• Recorrência de incidência de raios em um mesmo lugar	Prescrição ou sugestão de procedimentos	Sequência injuntiva	• Forma verbal no modo imperativo (*olhe, experimente*)

Quadro 3. Síntese de aspectos do programa.

Dois aspectos gerais

Para finalizar este capítulo sobre como se compõe o acervo de textos apresentados sobre o tema raio-trovão, vejamos dois aspectos gerais que marcam sua identidade e que decorrem, em grande medida, dos gêneros textuais a que eles pertencem. Não nos esqueçamos de que lidamos ao longo deste capítulo com três **gêneros textuais**: artigo de divulgação científica, entrevista e programa.

O **primeiro aspecto geral** tem a ver com quem assume a função de expositor das informações sobre o tema *raio/trovão*, a quem ele se dirige diretamente e a que público mais amplo a exposição é destinada. O quadro a seguir dá um panorama desse aspecto.

Gênero textual	Expositor	A quem se dirige (interlocutor direto)	Público mais amplo da exposição
Artigo de divulgação científica	Bruno Magalhães, pesquisador do Instituto Ciência Hoje	Não há especificação	Público infantil que lê os artigos publicados na página eletrônica da Revista *Ciência Hoje das Crianças*
Entrevista	Osmar Pinto Junior, engenheiro eletrônico do Instituto Nacional de Pesquisa Espacial	Entrevistadora/ Jornalista Mariana Ferraz	Público infantil que ouve a Rádio Ciência Hoje e outros interessados no tema
Programa *De onde vêm o raio e o trovão*	Personagem Raio-Trovão	Personagem Kika e, indiretamente, sua mãe	Público infantil que assiste aos programas educativos produzidos pela TV Cultura de São Paulo e outros interessados no tema

Quadro 4. Expositores e interlocutores a quem se dirige.

Notemos que, no caso do artigo de divulgação, quase não há referência explícita a quem o expositor se dirige: o único momento em que isso é mostrado aparece quando Bruno chama a atenção do leitor, pelo uso do verbo *repare*, para o fato de percebermos previamente o relâmpago e só depois o trovão.

Já no caso da entrevista e do programa, o contato entre o expositor e aquele a quem se dirige sua exposição é mais evidente, podendo ser reconhecido em sequências textuais chamadas de **sequências conversacionais ou dialogais**[7]. Diferentemente das outras sequências textuais, essas não agregam informações ao tema da exposição, ou seja, não avolumam seu conteúdo temático, embora tenham relevância fundamental na organização e no funcionamento dos textos.

Na entrevista, Osmar responde diretamente às perguntas formuladas por Mariana Ferraz: é por isso que aparecem várias marcas de contato entre eles, como ocorre quando a entrevistadora se surpreende com a informação que Osmar apresenta sobre a quantidade de raios que caem no Brasil anualmente, dizendo *Caramba!*, bem como quando confirma suas respostas pela expressão de riso.

Outras sequências conversacionais podem ser reconhecidas na abertura e no encerramento da entrevista, como podemos notar a seguir.

7 A **sequência conversacional** ou **dialogal** promove o intercâmbio entre o expositor e aquele a quem se dirige a exposição. Em outras palavras, ela permite a troca de turnos de fala que se vão emparelhando na conversa ou no diálogo.

Participantes da conversa	Abertura da entrevista	Encerramento da entrevista
Mariana → Ouvinte	**olá**, bem-vindos a rádio chc	eu sou mariana ferraz e esta é a radio chc... **tchau!**
Mariana ↔ Osmar	Mariana: **oi** osmar como vai? Osmar: **olá**, tudo bom?	Mariana: **obrigada osmar** por falar a radio chc Osmar: **ok**, de nada

Toda a entrevista pode, aliás, ser considerada uma sequência conversacional, uma vez que é estruturada globalmente na base das perguntas de Mariana, das respostas de Osmar e das confirmações que ela faz dessas respostas, em geral pela expressão de riso.

No episódio *De onde vêm o raio e o trovão*, o diálogo se estabelece entre Kika, sua mãe, o Raio-Trovão e o espectador. Além das perguntas, das respostas e de confirmações das respostas que focalizam o tema da exposição, há também expressões de saudação. Retomemos algumas passagens do episódio.

Participantes da conversa	Passagens do episódio
Kika → sua mãe	Kika: ué, mãe, de onde vem o raio e o trovão? Mãe: vem lá do céu, kika, lá do céu
Kika ↔ Raio-Trovão	Kika: credo, que raio de voz é essa? Raio-Trovão: é a voz do raio... a minha voz é tão forte quanto um TRO-VÃO Kika: então me explica seu raio com voz de trovão, de onde vem o raio e o trovão?
Kika → espectador	Kika: um tiaozinho relâmpago e até o programa que vem com mais um DE OOONDE VEM

Assim, o volume de contato entre o expositor e o seu interlocutor mais direto distingue-se de um texto a outro: é pouco mostrado no artigo de divulgação (*Bruno → ?*), aparece bastante marcado na entrevista (*Osmar ↔ Mariana*) e cresce no programa (*Raio-Trovão ↔ Kika ↔ Mãe de Kika*).

O **segundo aspecto geral** tem a ver com a natureza multissemiótica desses textos específicos.

Dissemos que eles são multissemióticos porque conjugam a linguagem verbal (oral e/ou escrita) com outras semioses. Vejamos no quadro a seguir quais modalidades de linguagem verbal e semioses conformam os três textos.

Gênero textual	Modalidade de linguagem verbal	Semioses
Artigo de divulgação científica	Escrita	• Negrito, cores e tamanho das fontes • Fotografia, imagens e ícones da página eletrônica
Entrevista	Fala	• Entoação, ênfases, risos etc. • Vinheta sonora de abertura e fechamento da entrevista
Programa *De onde vêm o raio e o trovão*	Escrita-fala	• Imagens fixas e animadas • Ícones, cores e fotografias • Trilhas sonoras • Gestos

Quadro 5. Aspectos multissemióticos dos textos.

Como podemos notar, a combinação da linguagem verbal com outros registros semióticos é outro aspecto geral que distingue os textos. O artigo utiliza-se predominantemente da escrita para expor as informações, embora essa escrita seja enfatizada, no título **Raios!**, pelo negrito, pela cor azul e pelo tamanho maior da fonte utilizada. Além disso, o artigo aparece delimitado, acima e nas laterais esquerda e direita, por imagens, letras e outros símbolos.

Já a entrevista combina a linguagem falada com os risos do entrevistado e da entrevistadora, além de outros elementos (como entonações, qualidade da voz e ritmo) mais perceptíveis quando ouvimos de fato as falas. A entrevista é ainda delimitada por uma vinheta sonora que anuncia sua abertura e seu encerramento.

Finalmente, no programa, notamos a combinação das falas dos personagens com a escrita (por exemplo, do nome do inventor do para-raios e da energia elétrica, Benjamin Franklin, que se superpõe à sua fotografia na tela). Um conjunto de outras semioses aparece conjugado ao longo do episódio: as imagens e os gestos dos personagens, seu deslocamento nos cenários, seus olhares, suas expressões faciais, além de fotografias, imagens animadas representando os fenômenos descritos, entre outras.

Assim, não é difícil perceber que a natureza multissemiótica dos textos é mais robusta em se tratando do programa. Mas isso não significa considerar que a apreensão de suas informações seja mais ou menos fácil para a criança, mesmo porque, na vida cotidiana, ela costuma entrar em contato com grande parte dessas semioses, separadamente ou em conjunto. Como dissemos anteriormente, é do professor a decisão de definir qual a ordem de apresentação dos textos, conforme o perfil de seus alunos, os objetivos de seu projeto de ensino e as condições materiais de que dispõe para o trabalho.

Sugestões de atividades

O acesso ao acervo de informações é momento privilegiado para o aluno exercitar a tarefa de elaborar perguntas, de investigar; em última instância, de estudar. Trata-se de tarefa das mais relevantes no planejamento da exposição, uma vez que corresponde a um primeiro acesso ao repertório de conteúdos sobre o tema, bem como a determinados recursos e maneiras de expor esses conteúdos.

Em outras palavras, ao entrar em contato com diferentes fontes de informações que lhe subsidiarão no planejamento da exposição, o aluno tem um acesso preliminar não apenas a conteúdos, mas a diferentes maneiras com que uma exposição pode funcionar e a diferentes recursos que permitem esse funcionamento.

Embora normalmente seja prévio à realização da exposição, o acesso às informações sobre o tema pode aparecer ao longo do processo de sua produção, uma vez que sempre há a possibilidade de agregar algum dado novo ao acervo anteriormente composto.

A seguir, apresentamos algumas propostas de atividades voltadas particularmente para a identificação dos dois aspectos gerais dos gêneros textuais que discutimos anteriormente: i) quem assume a função de expositor das informações e a quem ele se dirige e ii) a natureza multissemiótica dos textos. Os demais aspectos (conteúdos, objetivos do expositor, sequências textuais e marcas linguísticas) serão objeto de trabalho no próximo capítulo, quando tratarmos da recomposição de informações.

As atividades a seguir se baseiam em um episódio do programa *Pequenos Cientistas*, cujos personagens fixos são dois dinossauros: Diná e Rex. O programa é produzido pela TV Rá Tim Bum, e o episódio em questão, sobre o tema fósseis, está disponível no endereço eletrônico <http://www.youtube.com/watch?v=1rUmvdQkwTA>.

Façamos a apresentação do episódio. As ações e os diálogos de Diná e Rex dão suporte para a exposição das informações sobre o tema, pelos próprios personagens e pelo especialista, o geólogo Fernando Alves Pires.

Após a vinheta de abertura aparecem Diná e Rex no bosque em que habitam: Diná cuida do jardim, e Rex arruma os materiais para a expedição que farão. Após um primeiro diálogo, aparece o título do programa ocupando toda a tela.

Pouco tempo depois, eles saem em caminhada pelo bosque com mochila nas costas. Suas ações e seus diálogos introduzem o tema do episódio.

Figura 21. Abertura do programa *Pequenos Cientistas*.

Disponível em: <http://www.youtube.com/watch?v=1rUmvdQkwTA>. Acesso em: 30 jan. 2012.

> **Diná:** *mas aonde é que vamos mesmo?*
> **Rex:** *vamos procurar alguns fósseis*
> **Diná:** *fósseis? é ::, **o que são e para que servem?***

Neste momento, aparece uma animação que finaliza com a pergunta:

Figura 22. Personagens Rex e Diná.

Disponível em: <http://www.youtube.com/watch?v=1rUmvdQkwTA>. Acesso em: 30 jan. 2012.

Figura 23. Tarja com inscrição *O que é?*

Disponível em: <http://www.youtube.com/watch?v=1rUmvdQkwTA>. Acesso em: 30 jan. 2012.

Logo depois, entra em cena o geológo Fernando Alves Pires, diretor do Museu de Geologia (MUGEO), que inicia sua exposição respondendo à pergunta de Diná.

> **Fernando:** *diná, fósseis **são** qualquer vestígio de vida antigo, encontrado geralmente nas rochas*

Figura 24. Geólogo Fernando Alves Pires.

Disponível em: <http://www.youtube.com/watch?v=1rUmvdQkwTA>. Acesso em: 30 jan. 2012.

Na continuidade de sua exposição, Fernando fala sobre a utilização do fóssil na geologia, especificando uma das principais formas de utilização: datação das rochas e caracterização de seu ambiente. Em um momento da fala do geólogo, uma tira vermelha se superpõe à tela, frontalmente ao expositor, na qual se lê: *A palavra fóssil deriva do termo latino "fossilis" que significa "ser desenterrado"*.

> na geologia, o fóssil **tem** utilização ele pode ser utilizado para vários campos de pesquisa... **um dos mais importantes** seria para utilizar para datação das rochas e também para caracterizar o ambiente em que essas rochas foram formadas

Figura 25. Fósseis.

Disponível em: <http://www.youtube.com/watch?v=1rUmvdQkwTA>. Acesso em: 30 jan. 2012.

Concluída essa parte da exposição do especialista, reaparecem os personagens. O diálogo entre eles é marcado pela curiosidade manifesta pelas perguntas de Diná. É Rex quem agora responde às perguntas, enumerando diferentes fósseis e apresentando outras finalidades de sua utilização.

> **Diná:** *quer dizer que os fósseis **podem ser** ossos, pegadas, dentes, AHNN, até fezes?*
> **Rex:** *isto mesmo... uhn, pelas coordenadas, é bem AQUI*
> **Diná:** *e através deles podemos reconstruir a história?*
> **Rex:** *todos estes objetos encontrados pelos pesquisadores e a análise deles **podem fornecer** informações sobre diferentes formas de vida que habitavam a Terra no passado... além disso, os fósseis **podem ser** ótimos para encontrar petróleo, gás natural e outras riquezas*

Figura 26. Plataforma de petróleo e indústria de gás.

Disponível em: <http://www.youtube.com/watch?v=1rUmvdQkwTA>. Acesso em: 30 jan. 2012.

Após esse diálogo, Diná formula outra pergunta, mas Rex não conhece a resposta. Neste momento aparece uma animação que finaliza com a frase *Quando eu crescer eu vou ser...*

Figura 27. Tarja com inscrição *Quando eu crescer eu vou ser.*
Disponível em: <http://www.youtube.com/watch?v=1rUmvdQkwTA>. Acesso em: 30 jan. 2012.

> **Diná:** *mas **o que** exatamente **faz** um paleontólogo, um arqueólogo e um geólogo, já que todos trabalham com fósseis?*
> **Rex:** *uhnn, agora você me pegou... vamos conhecer um pouco mais?*

Nesse momento é convocada novamente a fala do geólogo Fernando Alves Pires, em resposta a apenas uma parte específica da pergunta de Diná, aquela relativa ao trabalho e à formação do geólogo.

> **Fernando:** *bem, o geólogo, o profissional geólogo, ele faz praticamente, trabalha praticamente com o planeta terra... tudo o que está relacionado à terra faz parte do campo da geologia... então na prática um geólogo pode trabalhar na pesquisa de petróleo, na pesquisa de recursos minerais, como água, diversos tipos de minerais... atualmente, tem um campo bastante AMPLO aí na área da geologia que é a questão do meio ambiente, né?, o meio físico todo tem a ver com a geologia, com o geólogo... e ele tem uma novidade em outros campos, que o geólogo pode atuar... para você tornar-se um geólogo você precisa **ir para a universidade**, você precisa **fazer um curso de graduação em geologia**, que é um curso de cinco anos horário integral... no brasil, existem aproximadamente dezessete faculdades de graduação em geologia, sendo a grande maioria delas as universidades públicas, acho que se não me engano existe apenas um ou dois cursos de geologia particulares... bem, **terminando a graduação, após cinco anos** mínimos de estudo, você **pode fazer** suas especializações, pós-graduações, mestrado, doutorado, pós-doutorado **e assim por diante**.*

Essa longa parte da exposição de Fernando encerra o episódio sobre *fósseis* do programa *Pequenos Cientistas*.

PROPOSTA 1. Quem são os expositores?

- *Objetivos*

I. Identificar quem é o especialista do episódio.

II. Comparar as exposições do geólogo e dos personagens, discutindo diferenças e semelhanças entre ambas.

III. Buscar informações sobre a profissão e a formação do geólogo.

IV. Conhecer espaços de investigação ou de exposição de fósseis.

- *Atividades*

1. Coleta de outras informações sobre quem é o geólogo Fernando Alves Pires e sobre o Museu de Geologia (MUGEO).

2. Transcrição de trechos das exposições dos personagens e do geólogo e comparação entre eles, discutindo semelhanças e diferenças gerais, como: extensão, clareza e, se for o caso, adequação à pergunta que os desencadeou etc.

Participantes	Trechos de exposições	Semelhanças e diferenças
Geólogo		
Rex		
Diná		

Exemplo de ficha de trechos das exposições dos participantes do episódio.

3. Consulta sobre a existência de cursos de formação de geólogos em universidades da cidade ou da região onde moram.

4. Entrevista na escola com um geólogo ou com outros profissionais que estudem os fósseis ou trabalhem em museus ou instituições que se relacionem, de algum modo, com o estudo dos fósseis.

5. Visita a museus ou lugares da cidade ou região onde se podem encontrar resquícios de vida antigos.

PROPOSTA 2. A quem os expositores se dirigem?

- *Objetivos*

I. Identificar o interlocutor direto das exposições do geólogo e dos personagens, discutindo como eles dialogam entre si.

II. Identificar o público mais amplo a que se destina o programa, discutindo qual seu perfil (faixa etária, lugar onde mora, condição social e econômica etc.) e a adequação do programa a ele.

- *Atividades*

1. Elenco das perguntas e respostas dos personagens e do geólogo.

Participantes	Perguntas	Respostas
Diná → Geólogo		
Diná → Rex		

Exemplo de ficha das perguntas e respostas dos participantes do episódio.

2. Levantamento do perfil do público a que se destina o programa.

Qual sua idade	Lugar(es) onde mora	Como vive (condição social e econômica)

Exemplo de ficha do perfil do público a que se destina o programa.

3. Discussão oral sobre a adequação do programa ao perfil do público e sobre que mudanças poderiam ser feitas no programa caso o público fosse outro (por exemplo, se fosse destinado a jovens ou adultos).

4. Enquete na escola ou na comunidade sobre se há quem assista a programas como o *Pequenos Cientistas* ou outros programas parecidos.

PROPOSTA 3. A composição multissemiótica do episódio

• *Objetivo:* identificar os recursos multissemióticos que compõem o episódio e discutir como se combinam com as modalidades escrita e falada da linguagem.

• *Atividades*

1. Registro dos componentes semióticos que integram o episódio, indicando sua função no programa e na exposição dos personagens e do especialista.

Imagens e animações	Sons	Para que servem?

Exemplo de ficha de registro dos componentes semióticos e sua função.

2. Transcrição da fala do geólogo quando define fóssil e da tarja escrita em que aparece o sentido etimológico do termo. Busca de outras definições em dicionários e enciclopédias e discussão com os colegas sobre o conjunto de definições pesquisadas.

Fala do geólogo	Tarja escrita	Definições que encontrei

Exemplo de ficha das definições de fóssil.

3. Proposição de outros recursos semióticos que poderiam estar presentes no episódio (tarjas com informações escritas, imagens, trilhas sonoras etc.) e sugestão do momento em que poderiam aparecer no episódio.

4. Subdivisão da parte final da exposição do geólogo Fernando que trata sobre o trabalho e a formação do geólogo, propondo recursos semióticos que poderiam acompanhar sua elocução neste momento.

5. Proposição de um final para o episódio, após a fala final do geólogo Fernando, utilizando-se de recursos multissemióticos.

CAPÍTULO 2
A RECOMPOSIÇÃO DAS INFORMAÇÕES

Como discutimos no capítulo anterior, a tarefa do expositor inicia com o acesso ao acervo de informações sobre o assunto que pretende expor. É neste momento que o expositor se torna um **investigador que indaga**.

Esse perfil de expositor vai-se construindo pelo exercício de habilidades relativas tanto à leitura de textos escritos e à audição de textos orais, quanto à recepção de textos que envolvem a percepção de outras semioses que podem acompanhar a produção textual: imagens fixas e animadas, efeitos sonoplásticos, gestos etc., como ocorre no caso dos textos multissemióticos. Assim, em uma sociedade em que as modalidades escrita e oral da linguagem circulam cada vez mais na interface com outros recursos semióticos, *ler*, *ouvir* e *assistir* são atividades que ocorrem cada vez menos separadamente.

Mas como o expositor pode tratar do acervo de textos multissemióticos sem sucumbir ao turbilhão de informações que lhe são disponibilizadas a todo momento pelas tecnologias de informação e comunicação em pleno incremento na atualidade?

Essa pergunta nos leva àquilo que talvez seja a segunda grande tarefa do expositor que planeja sua exposição: a recomposição das informações do acervo. Essa tarefa consiste em um conjunto de ações do expositor das quais trataremos neste capítulo, a saber: a **seleção**, a **sumarização** e a **roteirização** das informações do acervo. Vejamos em maior detalhe cada uma delas.

Selecionando as informações

A seleção de informações está entre as principais ações do expositor ao recompor o acervo. Com o auxílio dos recursos da informática, essa ação tornou-se mais eficaz do ponto de vista operatório: as ferramentas de um editor de texto de computador permitem copiar, recortar e colar passagens de textos disponibilizados na pasta de documentos do usuário ou na internet.

As informações selecionadas tornam-se um registro dos caminhos que o aluno percorreu na coleta de informações sobre o tema de sua exposição. Para o professor, a seleção de informações é um prato cheio para acompanhar, pelo menos parcialmente, as maneiras com que o aluno apreendeu os textos do acervo.

Como mediar a seleção de informações pelo aluno considerando-se que o acervo a que tem acesso é composto por diferentes textos sobre um mesmo tema? Uma das maneiras de proceder a essa mediação é ensiná-lo a **confrontar** os textos, percebendo as semelhanças e diferenças que eles guardam entre si.

Retomemos os três textos apresentados no capítulo anterior, tendo como ponto de partida os conteúdos expostos, e façamos um exercício de confronto com base nos aspectos sintetizados ao final da apresentação de cada um deles, a saber:

- os **objetivos do expositor** ao focalizar esses conteúdos;
- as **sequências textuais** que dão corpo a esses conteúdos e
- as **marcas linguísticas** que tornam visíveis essas sequências.

Notemos que esses aspectos são interdependentes: ao selecionar os conteúdos, o aluno estará buscando compreender também com que funções esses conteúdos aparecem nos textos, ou seja, estará se perguntando: *com que objetivos eles foram trazidos para a exposição, para explorar ou focalizar quais dimensões do tema?*

Estará ainda buscando perceber como esses conteúdos são formulados nos textos, ou seja, como são sequenciados e, por fim, quais marcas linguísticas atuam nessa formulação ou sequenciação dos conteúdos.

Os conteúdos

Comecemos nosso confronto, assim, pelos conteúdos identificados nos textos apresentados no Esquema 1 (p. 62).

Identificadas as informações mais recorrentes, o professor pode auxiliar seu aluno a estabelecer relações de *pertinência* e de *continência* entre elas, de modo similar ao que fazemos quando aprendemos

- O que é relâmpago/trovão e diferença de percepção de ambos
- Tipos de relâmpagos
- Local ou situação de incidência e eventual recorrência dos raios
- Processo de formação do relâmpago
- Causa da diferença de percepção entre raio e trovão: diferença de velocidade entre luz e som
- Como se proteger

- Local ou situação de incidência e eventual recorrência de raios
- Causas da intensa incidência de raios no Brasil: o tamanho do país e sua localização na região tropical do planeta
- O que é trovão
- Como se proteger

- O que é raio/trovão e diferença de percepção de ambos
- Processo de formação do raio e do trovão
- Causa da diferença de percepção entre raio e trovão
- Situação em que ocorrem raios e trovões
- O que são nuvens *Cumulus Nimbus*
- Função e inventor do para-raios

Esquema 1. Conteúdos dos textos multissemióticos.

1 Para a **teoria dos conjuntos**, na Matemática, um conjunto é uma coleção não ordenada de objetos. Qualquer objeto que seja elemento de um conjunto é dito pertencer àquele conjunto. A **relação de pertinência**, indicada pela notação ∈ ou ∉, é utilizada somente para relacionar elementos com conjuntos. Quando um conjunto está inserido em outro conjunto, dizemos que o primeiro conjunto está contido no segundo conjunto. Temos então uma **relação de continência** ou **inclusão**. A relação de continência, indicada pela notação ⊂ ou ⊄, é utilizada somente para relacionar conjunto com conjunto. Disponível em: <http://pt.wikipedia.org/wiki/Teoria_dos_conjuntos#Conceitos_b.C3.A1sicos>. Acesso em: 30 jan. 2012.

em Matemática a **teoria dos conjuntos**[1]. Poderíamos dizer, assim, que os conteúdos expostos nos textos são elementos que *pertencem* ao conjunto temático *raio/trovão*.

Há dois conteúdos que recorrem nos três textos: i) *o que são raio/relâmpago e trovão* e ii) *local ou situação de sua incidência e eventual recorrência*; sendo que apenas na entrevista do engenheiro Osmar não há definição explícita particular de *raio*.

Esquema 2. Conteúdos comuns aos três textos multissemióticos.

Artigo
Entrevista
Programa
1) O que são raio/relâmpago e trovão.
2) Local ou situação de sua incidência e eventual recorrência.

Continuando o exercício de confronto, notemos que há outros dois conteúdos que recorrem especificamente no artigo de divulgação e no programa: i) *processo de formação do raio* e ii) *diferença de percepção do raio com relação à percepção do trovão e sua causa* (diferença de velocidade entre luz e som).

Esquema 3. Conteúdos comuns ao artigo de divulgação e ao programa.

Finalmente, há um último conteúdo que se repete particularmente no artigo de divulgação e na entrevista: *modo de proteção do raio*, ficando apenas pressuposto no programa *De onde vem*, quando se faz referência ao para-raios.

Esquema 4. Conteúdos comuns ao artigo de divulgação e à entrevista.

Como podemos notar, há mais semelhanças que diferenças temáticas no conjunto dos conteúdos expostos nos três textos. Há outros conteúdos, entretanto, que pertencem particularmente a um ou outro texto. É o caso, por exemplo, dos *tipos de relâmpagos*, no artigo; das *causas da intensa incidência de raios no Brasil*, na entrevista; ou ainda da *função* e do *inventor do para-raios*, no programa.

Tendo confrontado os conteúdos que recorrem no conjunto de textos e aqueles que aparecem particularmente em determinados textos, o aluno pode ser capaz de se perguntar: *o que devo selecionar? Por que estou selecionando tal conteúdo e não outro?* Nesse momento da seleção terá condições:

• por um lado, de estabelecer graus de importância desses conteúdos conforme sua frequência nos textos; e,

• por outro lado, decidir se o conjunto de conteúdos selecionados é suficiente para a abordagem que pretende fazer do tema ou se precisará recorrer a outros textos para complementar essa abordagem.

Os objetivos do expositor

A seleção de informações sobre o tema é uma decisão orientada pelos objetivos do expositor, ou seja, por aquilo que decidiu focalizar do conjunto de informações sobre o tema. As perguntas que o aluno pode-se fazer, neste momento, são: *o que farei com os conteúdos selecionados? Para que servirão em minha exposição?*

Nos textos apresentados no capítulo anterior quatro objetivos são recorrentes:

Relato ou exemplificação de fenômenos.

Definição de fenômenos ou qualificação de suas propriedades.

Análise de processos (causas e efeitos).

Prescrição ou sugestão de procedimentos.

Esquema 5. Objetivos do expositor.

Lembremo-nos que o objetivo de *prescrição ou sugestão de procedimentos* volta-se principalmente, no artigo e na entrevista, para o conteúdo relativo ao *modo de proteção do raio*, conteúdo inexistente no episódio de Kika. Nele, a *prescrição* é menos presente, incidindo apenas sobre o conteúdo relativo à *diferença de percepção do raio com relação à percepção do trovão*, ocasião em que o Raio-Trovão convida a menina a observar o exemplo do garoto atirando uma pedrinha na água sobre a qual um barquinho de papel flutua e o efeito causado.

Isso está claramente relacionado ao recorte temático previsto na própria nomeação do episódio do programa televisivo (*De onde vêm o raio e o trovão*) e também ao objetivo do programa que é o de responder a uma pergunta muito frequente das crianças: de onde vem *x*? Sendo assim, com esse recorte temático e com esse objetivo, não há razão para o aparecimento de prescrições.

As sequências textuais

Os conteúdos são formulados nos textos por meio de sequências que fazem progredir o tema da exposição conforme os objetivos do expositor. Assim, os modos de sequenciação desses conteúdos estão diretamente ligados às funções que o expositor pretendeu atribuir-lhes no conjunto de sua exposição.

Quatro sequências recorrem nos três textos: *narrativa, descritiva, explicativa* e *injuntiva*. A identificação dessas sequências feitas ao longo da apresentação dos textos orientou-se pelo foco em seu conteúdo temático, ou seja, no tema *raio-trovão*.

Embora possamos delimitar em quais porções dos textos as sequências se localizam, é importante observar que elas não se distribuem sempre na mesma ordem nos textos e nem são estanques umas em relação às outras, principalmente no que se refere aos objetivos do expositor ao enfocar os conteúdos sequenciados.

Um caso bastante curioso é o da **sequência narrativa**. Vejamos a seguir como ela organiza diferentes conteúdos com base no mesmo objetivo do expositor de *relato ou exemplificação de fenômenos*.

Textos	Conteúdos
Artigo de divulgação	Processo de formação do relâmpago
Entrevista	Recorrência de incidência de raios em um mesmo lugar
Programa	Processo de formação do raio e do trovão Diferença de percepção entre raio e trovão

Assim, no artigo de divulgação, a sequência narrativa é usada na exemplificação de uma cena de verão, incidindo sobre o conteúdo relativo ao processo de formação do relâmpago.

Na entrevista, é usada no relato do mito de origem indígena, incidindo sobre a constatação científica de possibilidade de incidência de raios em um mesmo lugar.

Já no programa, a sequência narrativa atua sobre dois conteúdos:

I. *o processo de formação do raio e do trovão*, pelo relato desse processo, e

II. *a diferença na percepção do raio e na percepção do trovão*, pela exemplificação da ação do garoto atirando uma pedrinha na água sobre a qual um barquinho de papel flutua.

Para o aluno que seleciona informações para sua exposição, o mais importante não é o nome das sequências textuais. Tratadas isoladamente, elas talvez pouco possam contribuir no planejamento da exposição.

O mais relevante é o professor ajudar seu aluno a perceber que há conteúdo mesmo em sequências textuais em que há relato de um fato ou exemplicação de um fenômeno. Nesses casos, é comum que o conteúdo não apareça tão explícito como aparece quando há definição de um conceito (*o que é?*) ou qualificação de suas propriedades (*como é?*) pelas sequências descritivas. Ou ainda, quando há explanação das causas e efeitos do fenômeno pelas sequências explicativas.

O mesmo ocorre em se tratando das sequências injuntivas pelas quais são prescritas ou sugeridas determinadas ações. Muitas vezes, a atenção aos procedimentos torna menos evidente o conteúdo que está sendo exposto: no caso dos textos considerados, o conteúdo relativo às maneiras com que as pessoas podem-se proteger dos raios.

Assim, paulatinamente, o professor pode ensinar seu aluno a recuperar conteúdos de porções textuais em que eles são formulados de maneira mais ou menos indireta.

As marcas linguísticas

As sequências que dão corpo ao texto podem ser identificadas por marcas linguísticas que tornam visíveis aos olhos do leitor, ouvinte ou espectador o funcionamento dos textos.

O quadro a seguir sintetiza o conjunto de marcas linguísticas que recorrem nas sequências textuais que identificamos anteriormente.

Sequências textuais	Marcas linguísticas
Sequência narrativa	Conectores de circunstancialização ou progressão temporal: *durante; em seguida; logo depois; depois de um tempo; quando; e; um pouco depois; um tempo depois; e; aí; e aí; quando*
Sequência descritiva	Predicativo associado ao verbo *ser* ou *ter* ou a outros que qualificam fenômenos ou lhes atribuem propriedades: *aparecem em; existem, ocorrem, caem; se dividem; atingem* Expressões de comparação: *semelhantes às [...] mais fortes*
Sequência explicativa	Articuladores da relação entre causa e efeito: *tendo mais [...] temos mais* Conectores causais ou explicativos: *porque; por isso*
Sequência injuntiva	Forma verbal no modo imperativo: *não procure; evite; olhe; experimente;* Forma verbal no modo infinitivo com auxiliar de modalização: é melhor *se proteger*; é mais seguro *esperar*; *deve interromper* e *procurar*

Quadro 6. Sequências textuais e marcas linguísticas.

As marcas linguísticas listadas no quadro não são obviamente as únicas que caracterizam as sequências textuais identificadas nos textos apresentados. Por exemplo, uma marca fortemente caracterizadora das sequências narrativas é o tempo verbal, sobretudo o jogo que se pode estabelecer entre o pretérito imperfeito (que ajuda a criar o pano de fundo das ações narradas) e o pretérito perfeito (que coloca essas ações em primeiro plano).

O mais importante é o professor ajudar seu aluno a se tornar cada vez mais consciente do papel das marcas linguísticas na formulação do texto. Ou seja, ensinar-lhes que essas marcas são as peças das engrenagens que fazem o texto se sustentar e se mover. Assim, as marcas linguísticas são altamente sensíveis às sequências que dão corpo aos conteúdos dos textos.

O conhecimento desses recursos linguísticos e de como eles contribuem na formulação do texto pode ajudar o aluno não apenas a identificar e selecionar os conteúdos para sua exposição, mas também a incrementar sua própria produção textual, quando se encontrar na situação de expor para seus colegas o tema selecionado.

Trata-se de um objeto de ensino de natureza gramatical que não se dissocia, portanto, do objeto mais amplo que está sendo ensinado: a exposição oral. Representa, assim, um ingrediente indispensável do trabalho não só do professor de português mas de todos os professores que lidam com textos na escola.

Em síntese

O que discutimos até aqui nos mostra que a recomposição do acervo de informações sobre o tema da exposição não se reduz à extração de conteúdos desse acervo. Vimos que os conteúdos são formulados com base naquilo que o expositor busca enfocar do tema que pretende expor. Do ponto de vista textual, são formulados em sequências que, por sua vez, tornam-se visíveis por determinadas marcas linguísticas.

É por isso que a seleção de informações não é tarefa casual, precisando ser mediada pelo trabalho do professor que ajuda seu aluno a planejar a exposição. Nesse planejamento, não basta, entretanto, identificar e selecionar os conteúdos; eventualmente é preciso dar a eles um tratamento novo, uma configuração que poderá se distinguir daquela com que aparecem nos textos do acervo. Um dos modos de proceder a esse tratamento das informações selecionadas é por meio da sumarização. Vejamos em que ela consiste.

Sumarizando as informações

A seleção de informações é acompanhada pela ação de resumir ou sumarizar essas informações. Trata-se do momento em que o aluno poderá se perguntar: *o que fazer diante do conjunto de informações selecionadas? Como dar-lhes uma versão mais sintética e mais próxima daquilo que se intenciona expor efetivamente?*

Como explicam as professoras Anna Rachel Machado, Eliane Lousada e Lília Santos Abreu-Tardelli, em seu livro sobre resumo, "Sumarizamos de forma diferente, conforme o tipo de destinatário, de acordo com o que julgamos que ele deve conhecer sobre o objeto sumarizado e de acordo com o que julgamos ser o objetivo desse destinatário" (2004, p. 31).

A sumarização é, portanto, uma operação de transformação de um texto ou de uma sequência textual com vistas a torná-los mais sintéticos, a reduzi-los ou resumi-los, como a que realizou Kika ao final do episódio *De onde vêm o raio e o trovão*, quando sintetizou para sua mãe o processo de formação do raio-trovão.

Retomemos agora algumas das informações selecionadas nos textos apresentados no capítulo anterior e façamos um breve exercício de sumarização dessas informações. Comecemos pela definição de raio que aparece explicitamente no artigo e no programa.

Textos	Excertos	Excertos sumarizados
Artigo	Os relâmpagos são descargas elétricas, **semelhantes às correntes elétricas que passam pelos fios de nossas casas e que fazem os eletrodomésticos funcionarem. Mas são milhares de vezes mais fortes.** Tão fortes que ao passarem pela atmosfera deslocam o ar e produzem um barulho intenso, o trovão.	Os relâmpagos são descargas elétricas tão fortes que ao passarem pela atmosfera deslocam o ar e produzem um barulho intenso, o trovão.
Programa	Os raios são descargas elétricas produzidas **dentro das** nuvens da tempestade.	Os raios são descargas elétricas produzidas **nas** nuvens da tempestade

Esquema 6. Sumarização por exclusão e substituição.

O que inicialmente chama a atenção nos dois excertos selecionados é que a definição de raio apresentada no programa já representa uma espécie de síntese da definição do artigo. Passando à sumarização operada nos dois excertos, podemos notar que, embora resulte na redução de ambos, ela supõe ações diferentes:

I. no excerto do artigo, houve **exclusão** de uma porção textual em que se compara os relâmpagos (*descargas elétricas*) às correntes de energia que atravessam os fios elétricos de uma casa.

II. no excerto do programa, houve **substituição** de uma expressão indicadora de lugar (*dentro das*) por um termo com sentido similar (*nas*).

Assim, pelo menos três observações podem ser feitas com base nessa primeira operação de sumarização. Trata-se de uma operação que:

- supõe ações menores que, embora diferentes, mantêm o traço comum de síntese ou redução de um excerto;
- incide sobre porções textuais de extensões variadas, tendo por isso diferentes alcances; e
- recorre a determinados recursos linguísticos que promovem a síntese, como ocorre no caso da substituição do circunstalizador locativo *dentro das* pelo termo de caráter também locativo *nas* (uma contração da preposição *em* com o artigo *as*).

Façamos outro exercício de sumarização agora com os excertos do artigo e do programa relativos ao processo de formação do raio.

Textos	Excertos	Excertos sumarizados
Artigo	Durante o verão **a cena é comum**. Nuvens escuras surgem **de repente** e a chuva começa. Em seguida, um relâmpago risca o céu. **Que bonito!** Logo depois vem o barulho do trovão. **Que medo!**	Durante o verão, nuvens escuras surgem e a chuva começa; em seguida, um relâmpago risca o céu e logo depois vem o barulho do trovão.
Programa	As cargas elétricas das nuvens atraem as cargas elétricas do solo. Depois de um tempo as cargas do solo sobem em direção à nuvem e as **cargas** da nuvem descem **em direção** ao solo. **Esse é o caminho do raio.** Quando as duas cargas se encontram, acontece a descarga. E **um lindo** raio **BRILHANTE como eu** cai em zigue-zague na direção da terra. Com o raio, **um enorme clarão luminoso** se forma **em minha volta**. É o **FAMOSO** relâmpago! Um pouco depois escutamos o TROVÃO!	As cargas elétricas das nuvens atraem as cargas elétricas do solo. Depois de um tempo, as cargas do solo sobem em direção à nuvem e as da nuvem descem ao solo. Quando as duas cargas se encontram, produz-se um raio que cai em zigue-zague na direção da terra. Com o raio, forma-se o relâmpago, resultando, um tempo depois, no trovão.

Esquema 7. Sumarização por exclusão, substituição e adaptação.

Além das ações de exclusão e substituição operadas nesses dois excertos, já mencionadas no exercício de sumarização anterior, podemos observar aqui uma terceira ação, que podemos chamar de **adaptação**, pela qual uma porção do texto é condensada em uma nova estrutura sintática: no caso do excerto do programa, a condensação de parte do processo de formação do raio e do trovão é possível pelo uso de *produz-se... que* e *resultando*.

Disso decorre uma quarta observação sobre a operação de sumarização: em alguns casos, ela exige um rearranjo da estrutura sintática do excerto que está sendo sumarizado, o que indica que vai além das ações de excluir e substituir, embora essas ações possam auxiliar a ação de adaptar.

Façamos um último exercício de sumarização, recorrendo agora a excertos do artigo e da entrevista voltados para *os modos de se proteger do raio*.

Textos	Excertos	Excertos sumarizados
Artigo	Os raios podem ser perigosos e **quando acontece uma tempestade elétrica é melhor** se proteger. Não **procure abrigo** embaixo de árvores, **pois, se elas forem atingidas, os galhos podem cair.** Evite **também** lugares descampados, **que possam ser alvo fácil para os raios. É mais seguro** esperar a tempestade passar **para jogar futebol, soltar pipa ou andar de bicicleta. Também é perigoso** pescar ou ficar dentro d'água, **seja no mar ou na piscina.**	Os raios podem ser perigosos e para se proteger deles: não se abrigue embaixo de árvores, evite lugares descampados, espere a tempestade passar para se entreter, evite pescar ou ficar dentro d'água.
Entrevista	**Como a maioria das pessoas que são atingidas por raios estão ao ar livre, tão logo você escute um trovão, e o trovão é o barulho associado com o raio, tão logo você escute um trovão, significa que existem raios caindo na sua proximidade, então você** escutando o trovão, você deve interromper o que você está fazendo ao ar livre e procurar um abrigo, **num carro fechado ou numa residência.**	Escutando um trovão, você deve interromper o que está fazendo ao ar livre e procurar um abrigo seguro.

Esquema 8. Sumarização por exclusão, substituição e adaptação.

Na sumarização operada sobre esses dois excertos estão presentes as três ações apontadas anteriormente. Notemos que a **exclusão** de porções significativas desses excertos leva à **adaptação** de boa parte de sua estrutura sintática. A **substituição**, por sua vez, ocorre pelo uso de dois interessantes recursos linguísticos:

• a adjetivação, pela qual o trecho *num carro fechado ou numa residência* é substituído pelo qualificador *seguro*.

• a hiperonímia[2], pela qual o trecho *jogar futebol, soltar pipa ou andar de bicicleta* é substituído pelo hiperônimo *se entreter*.

2 **Hiperonímia** é a relação de inclusão entre um nome mais genérico (hiperônimo) e outro mais específico (hipônimo), em que este é dependente semanticamente daquele.

Em síntese

Essa última operação de sumarização dos excertos sobre o modo de se proteger do raio e do trovão, bem como as demais realizadas anteriormente, assinalam aquilo que marca mais radicalmente toda operação de sumarização: trata-se de um trabalho de compreensão dos textos. Assim, ao sumarizar, o aluno estará dando pistas ao professor do modo com que interpretou as informações do acervo. É por essa razão que a sumarização é tão relevante na tarefa de recompor as informações do acervo no planejamento da exposição. Para além desse planejamento, a sumarização é ferramenta de que o aluno pode dispor em muitas outras atividades escolares que impliquem o uso e a circulação de textos. Passemos agora à terceira ação de recomposição do acervo – a roteirização das informações.

Roteirizando as informações

A recomposição do acervo pela seleção e sumarização permite uma terceira ação no planejamento da exposição: a roteirização das informações. Trata-se de uma ação complementar às outras duas: roteirizar ou formular o roteiro da exposição visa reagrupar o conjunto de informações selecionadas e sumarizadas, dispondo-as em um esquema que servirá de guia para o momento de realização da exposição.

Para roteirizar as informações do acervo, o expositor pode agir de duas maneiras complementares:

I. hierarquizar as informações conforme seu nível de abrangência, estabelecendo, por exemplo, relações de subordinação entre informações principais e informações secundárias;

II. distribuir as informações na ordem em que pretende apresentá-las ao auditório.

Diante dessas informações, o aluno pode-se perguntar: *qual delas é mais ampla em relação às outras? Qual delas pode agregar as outras? A qual informação as outras estão subordinadas? Qual pode ser exposta preliminarmente? Em que ordem distribuí-las?*

Com a progressão da aprendizagem da exposição, a formulação de seu roteiro torna-se tarefa para a qual o expositor não precisa dispensar um tempo considerável, uma vez que vai internalizando estratégias cada vez mais eficazes de roteirizar aquilo que pretende expor.

Consideremos o conjunto de informações identificadas, selecionadas e sumarizadas nos textos do primeiro capítulo e vejamos como ocorrem as relações de hierarquização e ordenação das informações em cada um deles. Comecemos pelo artigo de divulgação.

Lembremo-nos de que o título do artigo é *Raios*. Esse é o tema focalizado por seu autor Bruno Magalhães. Para tratar desse tema, Bruno apresenta um conjunto de conteúdos sobre o relâmpago. É a partir daí que define o que são *raios* (*os relâmpagos que ocorrem entre as nuvens e o solo*), apresentando em seguida o local em que podem ocorrer e os modos com que se pode proteger deles.

Assim, podemos notar na exposição de Bruno uma relação de subordinação do conceito de *raio* ao conceito de *relâmpago*, ou seja, os conteúdos relativos ao *raio* são hierarquicamente subordinados ao conjunto maior de conteúdos sobre o *relâmpago*.

Talvez esteja nessa relação de subordinação a razão de Bruno apresentar primeiramente os conteúdos sobre relâmpago e só depois aqueles sobre raio. Reconstituindo o roteiro das informações expostas no artigo, temos:

RELÂMPAGO
- Processo de formação
- O que são
- Diferença de percepção do relâmpago e de percepção do trovão

TIPOS DE RELÂMPAGO
- Dentro das nuvens
- Entre duas nuvens
- Da nuvem para o alto
- Raio (entre as nuvens e o solo)

RAIO
- O que são
- Local em que ocorrem
- Modos de proteção

Esquema 9. Roteirização de conteúdos do artigo de divulgação científica.

Vejamos agora como ocorrem as relações de hierarquização e ordenação das informações na entrevista, cujo foco incide sobre a incidência maior de raios no Brasil em termos absolutos. A partir desse foco, um conjunto de outros conteúdos são agregados à exposição do professor Osmar Pinto Junior.

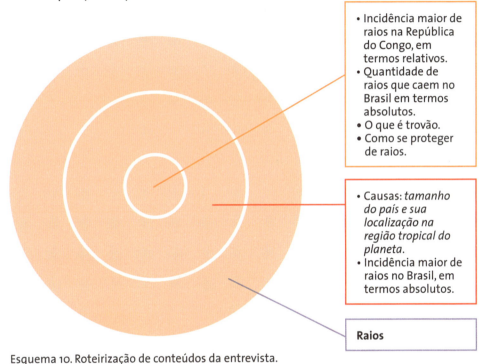

Esquema 10. Roteirização de conteúdos da entrevista.

Podemos notar que há uma relação de hierarquização estreita entre a informação sobre a incidência maior de raios no Brasil e a informação sobre as causas desse fenômeno, o que justifica que uma se ordene na sequência da outra. Os demais conteúdos que as sudecem não estabelecem com elas necessária relação de hierarquização, embora pertençam ao conjunto mais geral de conteúdos sobre o tema da entrevista.

Por fim, vejamos como são hierarquizadas e ordenadas as informações no programa. Notemos que a pergunta que dá nome ao programa, em certa medida, anuncia qual informação estará em foco: ao perguntar *de onde vêm o raio e o trovão*, a personagem Kika está, assim, buscando respostas para a gênese do fenômeno. É por isso que a narrativa do processo de formação do raio e do trovão ocupa a maior parte do programa, tanto na voz do personagem Raio-Trovão, quanto na da própria menina, que retoma e reapresenta esse processo ao final do episódio.

A esse foco se conjugam um conjunto amplo de outros conteúdos, como podemos relembrar pelo esquema a seguir.

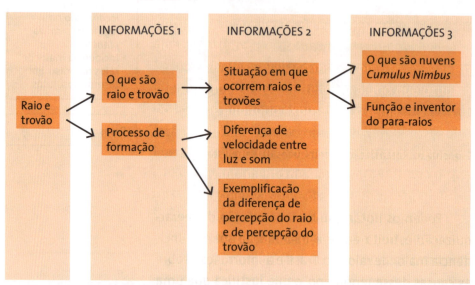

Esquema 11. Roteirização de conteúdos do programa.

O foco no processo de formação do raio e do trovão é precedido pela definição dos dois conceitos. Esse foi o tipo de ordenação pela qual optou o personagem Raio-Trovão ao expor esses conteúdos, diferentemente do que ocorreu no artigo, em que Bruno prefere narrar inicialmente o processo para depois apresentar a definição dos conceitos.

Algumas observações podem ser feitas com base na reconstituição do roteiro de informações dos três textos. A hierarquização e a ordenação dos conteúdos:

I. mantêm relação estreita entre si, embora isso não ocorra em todas as situações nem da mesma maneira. Muitas vezes, é a natureza dos conceitos que orienta a ordenação das informações. É o que ocorre com a relação entre os conceitos de *relâmpago* e *raio* no artigo, apresentados consecutivamente, o que pode ter sido motivado pelo fato de *raio* ser um elemento do conjunto de *relâmpagos* (*raio* ∈ *relâmpagos*).

II. ocorrem não apenas entre conjuntos mais amplos de informações (no programa, *o que é raio/trovão* e *seu processo de formação*), mas também no interior de conjuntos de informações de nível hierárquico inferior (informações secundárias). Por exemplo, as informações sobre *o que são nuvens cumulus nimbus* e sobre a *função e o inventor do para-raios*, no programa, vinculam-se mais estreitamente ao conteúdo relativo à *situação em que ocorrem raios e trovões*, relacionando-se apenas indiretamente às informações principais (*o que é raio/trovão e seu processo de formação*).

III. orientam-se pelo foco que o expositor dá ao tema, ou seja, pelos aspectos que visa explorar do conjunto de informações de que dispõe. Em alguns casos, o roteiro pode partir da definição de conceitos primários para o desenvolvimento do tema. Em outros, o ponto de partida é uma informação lateral, por exemplo uma curiosidade científica, que desencadeia a exposição dos aspectos centrais do tema.

Em síntese

Os esquemas apresentados das relações de hierarquização e ordenação das informações nos três textos podem ser considerados uma representação aproximada dessas relações: é possível perceber que nos textos efetivos essas relações vão-se encadeando de maneira organizada, mas não absolutamente uniforme, ou seja, não há um único padrão de hierarquização e ordenação que sirva para todo e qualquer texto.

Um trabalho focado na ação de roteirização das informações pode-se basear, portanto, em atividades que promovam o exercício pelo aluno de níveis cada vez mais incrementados de hierarquização e ordenação das informações, com base na variação de temas e de aspectos no interior de um mesmo tema.

Sugestões de atividades

O confronto que fizemos dos três textos multissemióticos mostra que há diferenças e semelhanças entre eles. Mas exibe principalmente o traço central que os aproxima: eles não são blocos monolíticos nem depósitos de peças desarticuladas e soltas, mas são compósitos cujos elementos encontram-se altamente organizados.

A seguir, apresentamos algumas propostas de atividades com base ainda no episódio sobre *Fósseis* do programa *Pequenos Cientistas*, trabalhado no capítulo anterior. As atividades se voltam para as três ações do processo de recomposição das informações do acervo discutidas neste segundo capítulo: seleção, sumarização e roteirização das informações.

PROPOSTA 1. Selecionando as informações

a) *Conteúdos e objetivos do expositor*

- Objetivos:

I. Selecionar conteúdos sobre *fósseis* de um conjunto de conteúdos sobre diferentes temas científicos.

II. Identificar os conteúdos sobre *fósseis* do episódio.

III. Formar conjuntos de conteúdos sobre *fósseis* com base em diferentes critérios.

IV. Discutir sobre os objetivos do expositor ao focalizar os conteúdos identificados.

V. Propor outros conteúdos relativos ao tema.

- Atividades:

1. Armazenamento, em uma caixinha, de tiras de papel contendo conteúdos sobre *fósseis* a partir de um conjunto de tiras sobre diferentes temas científicos.

2. Formação de diferentes conjuntos (por exemplo, em caixinhas de diferentes cores) de conteúdos sobre *fósseis* a partir de critérios definidos pela turma: i) conteúdos presentes no episódio; ii) conteúdos pesquisados pela turma que não pertencem ao conjunto de conteúdos do episódio; iii) conteúdos expostos especificamente por Diná, por Rex ou pelo geólogo etc.

3. Transcrição de trechos da exposição de Fernando e dos personagens em que estejam evidentes

determinados objetivos dos expositores (por exemplo, *em qual trecho Fernando diz o que são fósseis? Em qual trecho Diná dá exemplo de fósseis?* etc.).

4. Em dupla, proposição ao colega de uma pergunta sobre o tema *fósseis* com base no conteúdo levantado nas atividades da PROPOSTA 1 do capítulo anterior (coleta de informações, entrevista com especialista, visita etc.) e que não tenha sido feita no episódio. Registro da resposta e discussão com os outros colegas sobre as perguntas e respostas das duplas.

b) *Sequências textuais e marcas linguísticas do episódio*

• Objetivo: selecionar as sequências textuais predominantes no episódio (sequências descritiva e narrativa) e identificar suas marcas linguísticas.

• Atividades:

1. Exercício de correspondência entre sequências textuais descritivas do episódio com base no conteúdo descrito.

Conteúdo da exposição (Qual o assunto tratado?)	Trecho da exposição
(1) O que são fósseis	( ) Diná: os fósseis podem ser ossos, pegadas, dentes, AHNN, até fezes?
(2) O trabalho do geólogo	( ) Rex: Além disso, os fósseis podem ser ótimos para encontrar petróleo, gás natural e outras riquezas.
(3) Exemplos de fósseis	( ) Fernando: o profissional geólogo trabalha praticamente com o planeta Terra.
(4) Exemplos dos usos de fósseis na geologia	( ) Fernando: fósseis são qualquer vestígio de vida antigo, encontrado geralmente nas rochas.

Exemplo 6. Ficha de correspondência entre sequências descritivas e conteúdos.

2. Transcrição da sequência narrativa relativa ao percurso de formação do geólogo conforme a ex-

posição de Fernando. Preenchimento de ficha com informações sobre a eventual continuidade da carreira do geólogo indicada na coluna (3): como seria sua vida após sua formação?

a) Fazer um curso de graduação em geologia →	b) *Após cinco anos*, fazer especializações, pós-graduações, mestrado, doutorado →	c) *E assim por diante*	☺

Exemplo 7. Ficha do percurso de formação do geólogo.

3. Elaboração de uma sequência narrativa (na forma de linha do tempo) relatando o percurso de formação do profissional entrevistado na atividade sugerida na PROPOSTA 1 do primeiro capítulo.

4. Substituição de marcas linguísticas das sequências textuais do episódio, com base em uma lista de possibilidades.

fósseis ____ qualquer vestígio de vida antigo, encontrado geralmente nas rochas.	consistem em / significam / constituem tem a ver com / referem-se a

Exemplo 8. Ficha de substituição de marcas linguísticas.

5. Discussão coletiva sobre a razão de uso de determinada marca linguística. Por exemplo, discussão sobre por que Diná e Rex utilizaram o verbo **poder** neste momento da exposição.

Diná	Rex
— Quer dizer que os fósseis **podem ser** ossos, pegadas, dentes, AHNN, até fezes?	— Isto mesmo. Uhn, pelas coordenadas, é bem AQUI.
— E através deles podemos reconstruir a história?	— Todos estes objetos encontrados pelos pesquisadores e a análise deles **podem fornecer** informações sobre diferentes formas de vida que habitavam a Terra no passado. Além disso, os fósseis **podem ser** ótimos para encontrar petróleo, gás natural e outras riquezas.

Exemplo 9. Ficha de uso de marcas linguísticas.

PROPOSTA 2. Sumarizando as informações

- *Objetivo*: sumarizar as informações do episódio por meio de exclusão, substituição e adaptação de sequências textuais.
- *Atividades*
1. Exclusão progressiva (duas vezes) de trecho da fala do geólogo e discussão coletiva sobre as alterações operadas e o resultado obtido.

Fala do geólogo	Fala após primeira exclusão	Fala após segunda exclusão
Bem, o geólogo, o profissional geólogo, ele faz praticamente, trabalha praticamente com o planeta Terra. Tudo o que está relacionado à Terra faz parte do campo da geologia. Então na prática um geólogo pode trabalhar na pesquisa de petróleo, na pesquisa de recursos minerais, como a água, diversos tipos de minerais. Atualmente, tem um campo bastante AMPLO aí na área da geologia que é a questão do meio ambiente, né?, o meio físico todo tem a ver com a geologia, com o geólogo. E ele tem uma novidade em outros campos, que o geólogo pode atuar.	O profissional geólogo trabalha praticamente com o planeta Terra. Tudo o que está relacionado à Terra faz parte do campo da geologia. Então na prática um geólogo pode trabalhar na pesquisa de petróleo, na pesquisa de recursos minerais, como a água, diversos tipos de minerais. Atualmente, tem um campo bastante AMPLO na área da geologia que é a questão do meio ambiente, o meio físico todo tem a ver com a geologia.	O profissional geólogo trabalha praticamente com o planeta Terra: pode trabalhar na pesquisa de petróleo, de recursos minerais, como a água. Atualmente, tem um campo bastante AMPLO na área da geologia que é a questão do meio ambiente.

Exemplo 10. Ficha de exclusão de trecho da fala do geólogo.

2. Substituição de um trecho da fala de Diná por um termo ou uma expressão a partir de uma lista de possibilidades.

Diná: Mas o que exatamente faz **um paleontólogo, um arqueólogo e um geólogo,** já que todos trabalham com fósseis?	( ) Profissionais que cuidam da saúde das pessoas. ( ) Profissionais que tocam instrumentos musicais. ( ) Profissionais que estudam o planeta Terra.

Exemplo 11. Marcar com X a opção que melhor poderia substituir o trecho grifado na fala de Diná.

3. Identificação de expressão na fala de Rex que se refere a e poderia substituir o trecho assinalado na fala de Diná.

Diná: Quer dizer que **os fósseis podem ser ossos, pegadas, dentes, AHNN, até fezes?**	Rex: Todos estes objetos encontrados pelos pesquisadores e a análise deles podem fornecer informações sobre diferentes formas de vida que habitavam a Terra no passado. Além disso, os fósseis podem ser ótimos para encontrar petróleo, gás natural e outras riquezas.

Exemplo 12. Pinte qual a expressão da fala de Rex poderia substituir o trecho grifado da fala de Diná.

4. Adaptação de trecho da fala do geólogo, mantendo o sentido geral da informação.

Fala do geólogo	Trecho adaptado
Fernando: Na geologia, o fóssil pode ser utilizado para vários campos de pesquisa. Um dos mais importantes seria para a datação das rochas, e também para caracterizar o ambiente em que essas rochas foram formadas.	Fernando: Na geologia, o fóssil pode ser utilizado para vários campos de pesquisa como a datação das rochas e a caracterização de seu ambiente de formação.

Exemplo 13. Ficha de adaptação de informações.

PROPOSTA 3. Roteirizando as informações.

- *Objetivo*

I. Reconstituir o roteiro das informações do episódio por meio de um esquema em que se visualizem a hierarquização e ordenação dessas informações.

II. Propor um novo roteiro com base nas informações do episódio.
- *Atividades*
1. Preenchimento de esquema com as informações do episódio.

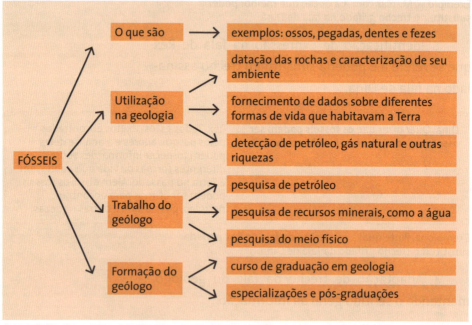

Exemplo 14. Esquema com as informações do episódio.

3 "Um elemento gráfico **SmartArt** é uma representação visual das suas informações e ideias. É possível criar elementos gráficos SmartArt escolhendo entre muitos layouts diferentes para comunicar sua mensagem de forma rápida, fácil e efetiva". Disponível em: <http://office.microsoft.com/pt-br/word-help/saiba-mais-sobre-os-elementos-graficos-smartart-HA010039537.aspx> Acesso em: 30 jan. 2012.

2. Elaboração de um esquema com as informações do episódio, em forma de painel, cartaz ou pelo uso de programas do computador como o **SmartArt**[3].

3. Elaboração de um novo roteiro para o conjunto de informações do episódio: eliminando ou acrescentando informações principais e secundárias e alterando sua ordenação. Discussão coletiva sobre as soluções encontradas e os resultados obtidos.

PARTE DOIS

REALIZANDO A EXPOSIÇÃO

CAPÍTULO 3

O ROTEIRO EM AÇÃO

Nos capítulos da primeira parte abordamos questões relacionadas ao planejamento da exposição, ocasião em que o aluno entra em contato com o acervo de informações sobre o tema que objetiva expor e o recompõe, selecionando, sumarizando e roteirizando essas informações. Esse trabalho sobre o acervo é orientado, já em sua base, pelos objetivos do expositor e pelo auditório que é imaginado como público-alvo da exposição.

Nesta segunda parte, tratamos do momento em que o roteiro elaborado no planejamento é colocado em ato, é tornado público a um auditório que pode reagir de diferentes maneiras à exposição. A tarefa é, portanto, ampliar o diálogo construído entre o expositor e os textos do acervo ao longo do planejamento. Agora, esse diálogo se expande na direção de outro participante, o auditório.

Assim, na tarefa de realização da exposição planejada, entra em cena a capacidade do expositor de dar voz ao roteiro elaborado ou, como sugeriu sabiamente o estudioso da linguagem Erving Goffman, de animar (no sentido de *dar alma*) as palavras do acervo. Diríamos que é nesse momento que ele adquire o estatuto de **vocalizador** ou **animador** de palavras.

O êxito dessa vocalização durante a exposição propriamente dita não decorre automaticamente da qualidade do planejamento realizado. Em muitos casos, a realização da exposição toma um espaço pequeno no trabalho de ensino por se supor que o aluno, tendo feito um bom planejamento, estará naturalmente apto a comunicar o conteúdo planejado.

Ao tratar da conferência, Goffman menciona três maneiras de animar as palavras: *a memorização, a leitura oral* e *a fala espontânea* (1987, p. 178). Como veremos neste e nos próximos capítulos, esses três modos de vocalizar os conteúdos estão presentes nas exposições dos alunos do 4º ano do ensino fundamental de que trataremos aqui*.

É curioso notar que no conjunto dessas exposições, a leitura oral predomina inicialmente, combinando-se em seguida com a memorização e, posteriormente, agregando também a fala espontânea.

Assim, em suas exposições iniciais, as crianças predominantemente liam para os colegas as informações que haviam selecionado do(s) texto(s) sobre o tema a que tiveram acesso: breves artigos retirados de seções de curiosidade científica de revistas ou jornais impressos, verbetes acessados na **Wikipédia**[1] e depois impressos e mesmo livros de literatura infantil. Essas informações eram previamente anotadas em seus cadernos ou marcadas no próprio texto impresso.

1 A **Wikipédia** é uma enciclopédia on-line cujos verbetes podem ser acessados e editados livremente. Para mais informações consultar: <http:pt.wikipediaorgwikiWikip%C3%A9dia:OqueaWikip%C3%A9dia_n%C3%A3o_%C3%A9>.

---

* Na época de realização da exposição, em 2007, as crianças eram alunos da Escola de Aplicação da Universidade Federal do Pará (UFPA), o então chamado Núcleo Pedagógico Integrado. Estavam na faixa etária entre 8 e 9 anos e eram provenientes da comunidade circunvizinha à escola e de outros pontos da região metropolitana de Belém, capital do estado do Pará, na Amazônia brasileira. Grande parte de seus familiares trabalhava na UFPA e tinha renda estável. Acompanhei o trabalho de ensino da exposição oral na condição de professor da turma. Os nomes dos alunos foram substituídos por pseudônimos.

A memorização das informações dos textos era frequentemente conjugada à leitura oral, ou seja, algumas crianças passaram a expor para os colegas as informações selecionadas que haviam decorado, motivadas talvez pela ideia de que isso agregaria mais crédito dos colegas e do professor a sua exposição.

A fala espontânea associou-se à leitura oral e à memorização e tornou-se mais frequente com o passar do tempo, entre outras razões, em função do uso de recursos de auxílio à exposição (cartazes e transparências em retroprojetor) pelos alunos.

Vejamos um exemplo, a seguir, de exposição realizada por um grupo de cinco crianças sobre o tema *cobras*.

A exposição sobre cobras

No planejamento da exposição sobre *cobras* a fonte de informações a que as crianças tiveram acesso foi o texto impresso do verbete "cobra" da Wikipédia (intitulado atualmente "serpente" e disponível em: <http://pt.wikipedia.org/wiki/Serpente>. Acesso em: 30 jan. 2012).

Vejamos a seguir o modo com que os conteúdos do verbete ganham voz na exposição das crianças. A exposição é aberta com a saudação simultânea de dois integrantes do grupo, Tânia e Arlindo. Logo em seguida, sua colega Fátima anuncia e define o tema da exposição.

Tânia e **Arlindo:** *bom dia pessoal*
Fátima: *hoje nós vamos comentar um pouco sobre o assunto das cobras, todos vocês devem saber que as cobras são carnívoras*

Exemplo 1. Trecho de exposição sobre *cobras*.

É Tânia quem dá continuidade à exposição complementando a informação exposta por Fátima. É sucedida por Raquel, cuja fala é bastante breve e quase inaudível. Em seguida, Arlindo toma a palavra, lendo o trecho que havia selecionado no texto impresso. Após ele, é Camilo quem fala: a um certo momento, interrompe sua exposição e lê um trecho do texto que continha a informação que vinha apresentando.

> **Tânia:** *porém as cobras comem pequenos animais incluindo lagartos e outras cobras*
> **Raquel:** *as cobras ( )*
> **Arlindo:** *todas as cobras têm capacidade de, ondulação lateral, em que o corpo ondulado de lado e as áreas flexionadas propa/propa/PROPAgam-se posteriormente dando a forma de uma onda de seno propagando-se posteriormente*
> **Camilo:** *o estudo dos répteis se chama herpetologia da palagra/da palavra grega herpéton "significa aquilo que se rasteja em especial serpentes"*

Exemplo 2. Trecho de exposição sobre *cobras*.

A parte final da exposição focaliza os acidentes decorrentes do eventual contato com cobras. Esse conteúdo é exposto por Tânia e Arlindo e ganha corpo na forma de relatos de experiência pessoal: Tânia narra um evento visto na televisão e Arlindo outro, de que tomou parte na condição de protagonista.

> **Tânia:** *é, a gente queria comentar um pouco sobre as cobras*
> **Fátima:** *( ) dos acidentes ( )*
> **Tânia:** *é, muitas vezes, vocês ve/verem/VEEM na televisão*
> **Fátima:** *reportagem sobre acidente da cobra*

> **Tânia:** *reportagem sobre acidente da cobra... uma vez eu vi na televisão, era um menino que/que foi pro sítio do avô... aí, ele tava sem camisa veio uma cobra de oito metros... então, ela subiu em cima do menino o menino começou a chorar e ( ) gritar*
> **Arlindo:** *ah, teve uma vez quando eu fui pra um igarapé com o meu avô, tava brincando na água aí eu senti um negócio gelado passando por cima do meu braço, quando eu olhei era uma cobra d'água, a minha mãe saiu/a minha mãe gritou e aí saíram me puxando da água*

Exemplo 3. Trecho de exposição sobre *cobras*.

A exposição se encerra pelo enunciado final de Fátima.

> **Fátima:** *e aqui acaba a nossa exposição*

Exemplo 4. Trecho de exposição sobre *cobras*.

Apresentada a exposição sobre *cobras*, façamos um apanhado geral de como ela ocorreu. O que chama inicialmente a atenção é que o roteiro sobre o tema não aparece isolado na exposição. Ele é delimitado por duas grandes ações dos expositores: a ação de iniciar e a ação de encerrar a exposição.

Dois componentes integram o início da exposição sobre *cobras*, a saber: a saudação ao auditório (*bom dia pessoal*) e o anúncio do tema (*hoje nós vamos comentar um pouco sobre o assunto das cobras*). Seu final é sinalizado por um único enunciado: *e aqui acaba a nossa exposição*.

O roteiro de informações entra em ação entre o início e o final. Trata-se do momento em que as informações sobre o tema passam a ser apresentadas ao auditório. Notemos que são quase inexistentes as fronteiras entre o início da exposição e o anúncio do tema, que ocorre pela produção de um único enunciado – *hoje nós vamos comentar um pouco sobre o assunto das cobras.*

Anunciado o tema, Fátima e Tânia expõem informações relativas à **alimentação** e Arlindo à **locomoção** das cobras. A **área de estudos** das cobras é outro conteúdo exposto, pela voz de Camilo. A exposição desses conteúdos presentes no texto do verbete é acompanhada pelo acréscimo de uma informação ausente nele: **acidentes** decorrentes do eventual contato com cobras, exposto por Tânia e Arlindo.

A inserção desse conteúdo quase ao final da exposição parece mostrar que ele tem o caráter de complemento aos anteriormente expostos, além de pretender talvez atribuir maior crédito à exposição do grupo em função da convocação de uma informação não constante no texto, o que poderia ser prestigiado pelo auditório.

Como se organiza globalmente a exposição

A exposição sobre *cobras* fornece algumas indicações para discutir sobre a organização global de uma exposição. Mas se trata de apenas um exemplo. Um ponto de partida importante para o professor que ensina seu aluno a realizar a exposição é exatamente diagnosticar aquilo que ele já conhece sobre a oralidade em situações públicas. A esse diagnóstico o professor pode agregar outros exemplos, como as exposições que ocorrem no cotidiano da escola e da comunidade, além daquelas que circulam nos ambientes midiáticos, como é o caso das exposições sobre *raio/trovão* e *fósseis* discutidas na primeira parte deste livro.

Essa é uma das recomendações dos professores Bernard Schneuwly e Joaquin Dolz. Em seu estudo sobre a exposição oral na escola, em colaboração com Jean-François de Pietro e Gabrielle Zahnd, eles sugerem uma ordenação das fases que a compõem, a saber:

Fases	Ação do aluno expositor
Abertura	O aluno assume o papel de expositor/especialista e instaura o intercâmbio com seus colegas, que assumem o papel de auditório.
Introdução ao tema	O expositor anuncia o tema e os aspectos que focalizará e justifica sua relevância.
Apresentação do plano da exposição	O expositor apresenta ao auditório os passos que procurará seguir na exposição, conforme o roteiro planejado.
O desenvolvimento e o encadeamento dos diferentes temas	O expositor passa a explanar os conteúdos roteirizados.
Uma fase de recapitulação e síntese	O expositor sumariza o conjunto de conteúdos expostos.
A conclusão	O expositor finaliza a explanação do conjunto de conteúdos expostos.
O encerramento	O expositor anuncia o final da exposição, agradece pela atenção do auditório e dispõe-se a responder às suas eventuais perguntas.

Quadro 7. Organização global da exposição segundo DOLZ, SCHNEUWLY, PIETRO e ZAHND (2004, p. 220-1).

Essa proposta pode inspirar o professor que ensina seu aluno a realizar a exposição. Com base nesse e em outros modelos de organização da exposição, o professor pode decidir sobre aquilo que julga mais relevante enfatizar, sempre com base no perfil de seus alunos, nas aprendizagens já adquiridas, nos objetivos de seu trabalho e nos recursos materiais de que dispõe para o ensino, entre outros critérios.

Para os anos iniciais do ensino fundamental, podemos pensar, por exemplo, em uma proposta que parta de uma estrutura bastante elementar composta de três grandes fases (abertura, desenvolvimento do roteiro temático e fechamento), cada uma das quais comportando diferentes componentes.

O esquema a seguir é uma representação dessa organização global:

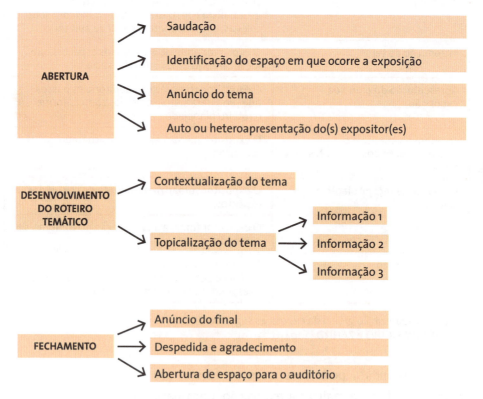

Esquema 12. Organização global da exposição.

Na **abertura**, conforme mostra o esquema, encontram-se componentes como os seguintes: a saudação ao auditório, a identificação do espaço em que ocorre a exposição, a apresentação do expositor (autoapresentação ou heteroapresentação por um dos colegas do grupo, ou ainda pelo uso de tarja ou crachá de identificação) e o anúncio do tema da exposição. Lembremo-nos de que na exposição sobre cobras dois desses elementos estão presentes: a saudação ao auditório e o anúncio do tema.

Após a fase de abertura, temos o **desenvolvimento do roteiro temático**, que pode ser considerado o miolo da exposição, não apenas por se posicionar entre a abertura e o fechamento, mas sobretudo por sua relevância central, já que é o momento em que o conjunto de informações sobre o tema, organizadas no roteiro planejado, passa a ser compartilhado com o auditório. Nessa fase, o expositor atua de dois modos complementares sobre o tema da exposição:

- por um lado, ele **contextualiza o tema**, ou seja, torna-o presente na cena da exposição, buscando a atenção e a adesão inicial do auditório à exposição;

- por outro lado, ele **apresenta os diferentes tópicos do tema** previstos no roteiro, buscando a manutenção da adesão do auditório.

Há diferentes modos de contextualizar o tema: o uso de um único enunciado prefaciador ("O tema de nossa exposição é..." ou "Nossa exposição trata do tema..." etc.) é relevante na etapa inicial de aprendizagem da exposição. Com a progressão da aprendizagem do aluno, o professor pode ensinar outros modos de contextualizá-lo, como relatar um fato ou uma cena que leva a uma pergunta cuja resposta é dada por meio da exposição.

A título de exemplo, lembremo-nos de que a pergunta desencadeada pela personagem Kika – *De onde vêm o raio e o trovão?* – foi deflagrada pela cena em que uma tempestade é anunciada pelo meteorologista. A contextualização do tema pode ainda tomar a forma de exibição de imagens ou reprodução de paisagens sonoras.

Quanto à topicalização do tema, esta pode variar bastante a depender de um conjunto de estratégias que auxiliam no fracionamento do conjunto de conteúdos a serem expostos, fazendo o tema da exposição progredir, tais como: a exemplificação, a reformulação, a narrativização e o comentário, como veremos mais adiante.

O desenvolvimento do roteiro temático é sucedido pelo **fechamento**, ocasião em que o expositor anuncia o final da exposição, despede-se do auditório, agradece por sua atenção e pode abrir espaço para sua participação.

Não é raro que, nas etapas iniciais de aprendizagem da exposição oral, a fase de fechamento se limite ao anúncio do final da exposição, como ocorreu com a exposição sobre *cobras*. Em muitos casos, mesmo esse anúncio pode não ser oralizado ou ter como destinatário privilegiado o professor, o que decorre do fato de as crianças, na situação de tensão implicada na realização da exposição, acabarem buscando seu apoio ou informando-lhe que a tarefa solicitada foi cumprida. A partir de um determinado momento do trabalho de ensino da exposição, o anúncio do final pode passar a ter como destinatários outros integrantes do auditório, ganhando também maior espessura pelo acréscimo dos demais elementos da fase de fechamento.

A descrição que propusemos da organização global da exposição é apenas uma maneira de conceber essa organização. Com a progressão da aprendizagem da exposição pelo aluno, o professor pode agregar outros componentes a cada uma das três fases, como também diversificá-las, pela variação da quantidade, da qualidade e da ordem dos componentes no interior de cada uma delas.

Seja qual for o modelo de organização global da exposição pelo qual optará o professor, o mais importante é perceber que ele ganha vida quando é efetivamente realizado pelos expositores, ou seja, quando entra em funcionamento pela ação dos alunos.

Como funciona a exposição

Representamos a organização global da exposição em três fases. Cabe acrescentar que essas fases não são estanques nem descontínuas, principalmente em se tratando de exposições como as de que tratamos, realizadas em grupos de alunos, para os colegas da turma e o professor, configurando-se no formato do conhecido seminário.

Essa natureza coconstruída da exposição no seminário representa momento altamente sensível à aprendizagem e ao desenvolvimento do aluno, já que lhe coloca na situação tensa de transformar o roteiro elaborado em um objeto compartilhado, o que implica acionar um conjunto de estratégias que dão corpo à exposição, que constroem sua textualidade.

Essas estratégias de formulação textual, em conjunto e distribuídas entre os participantes do grupo, desenham o funcionamento da exposição, sendo, de certa forma, seu motor. Operam conjugadas a um conjunto de recursos semióticos de que trataremos especificamente no próximo capítulo. São elas:

I. estratégias de **gestão interacional da exposição**, incidindo sobre a distribuição e a ordenação das intervenções dos expositores de uma fase a outra da exposição e sobre o contato com o auditório.

II. estratégias de **progressão do tema da exposição**, incidindo sobre o desenvolvimento de seu roteiro temático, ou seja, sobre o modo com que os conteúdos são contextualizados e topicalizados.

Vale destacar que essas estratégias não se excluem, mas, pelo contrário, imbricam-se: as estratégias de gestão interacional podem influenciar ou mesmo definir a maneira como se dará o desenvolvimento ou a progressão do tema. De modo recíproco, a maneira com que o tema vai sendo desenvolvido pode redefinir, por exemplo, a forma de participação dos expositores.

Estratégias de gestão interacional da exposição

A distribuição e a ordenação das intervenções dos expositores vão construindo o andamento da exposição, internamente a cada uma de suas fases e também na transição de uma fase a outra. A exposição sobre *cobras* a seguir ilustra bem esse processo.

Além do vocativo que instala o canal de contato inicial com o auditório por meio de saudação (*bom dia pessoal*), temos o anúncio do tema da exposição (*hoje nós queremos apresentar um pouco sobre o assunto das cobras*) como estratégias de Tânia para a convocação da adesão do auditório. Para isso, a aluna enuncia um conhecimento partilhado entre ela e o auditório (*todos vocês devem saber que todas as cobras são carnívoras*).

> **Tânia:** *bom dia pessoal*
> **Auditório:** *bom dia*
> **Tânia:** *meu nome é Tânia, hoje **nós queremos apresentar um pouco** sobre o assunto das cobras... todos vocês devem saber que todas as cobras são carnívoras, comem pequenos inse:tos, incluindo lagartos e outros tipos de cobra*

Exemplo 5. Trecho de exposição sobre *cobras*.

Na continuidade da exposição, seu colega Fabiano marca a complementaridade de sua elocução com relação à dela pela escolha da forma verbal no futuro perifrástico (*vou continuar a falar*), recurso intensificado pela expressão adverbial *mais um pouco*.

> **Fabiano:** *bom dia meu nome é Fabiano e **eu vou continuar a falar mais um pouco** sobre as cobras... a pele das cobras é coberta por escamas, a maioria das cobras usa escamas especializadas no ventre para se mover agarrando-se à superfície... por não poderem olhar de longe sua visão não é particularmente importante, como as cobras não têm orelhas externas sua audiÇÃ:O, só podeconse/conseguem perceber vibrações*

Exemplo 6. Trecho de exposição sobre *cobras*.

Nesse caso, a transição entre as elocuções de Tânia e Fabiano ocorre internamente à fase de desenvolvimento do roteiro temático da exposição. Vejamos, agora, um exemplo de como se dá a passagem para o fechamento da exposição. É Tânia quem delimita a fronteira entre a fase de desenvolvimento do roteiro temático e a fase de fechamento da exposição: ela faz uso do enunciado iniciado pela expressão dêitica[2] *aqui*, sendo que esse enunciado é seguido pelo agradecimento de seu colega Fabiano ao auditório.

2 As expressões **dêiticas** remetem ao lugar ou ao tempo em que um enunciado é produzido e também indicam os participantes de uma situação comunicativa, sendo que sua compreensão (a que ou a quem elas se referem) depende do conhecimento dessa situação.

Exemplo 7. Trecho de exposição sobre *cobras*.	**Tânia: *aqui* acaba nossa exposição** **Fabiano:** *muito obrigado pela presença de todos*

No quadro a seguir temos uma síntese das estratégias e das marcas linguísticas de gestão interacional da exposição discutidas.

Expositores	Estratégias específicas	Marcas linguísticas
Tânia	• contato com o auditório	• fórmula de abertura e vocativo (*bom dia pessoal*). • referência dêitica ao interlocutor (*todos vocês devem saber*) e ao momento da exposição (*aqui acaba nossa exposição*).
Fabiano	• distribuição e ordenação das intervenções • contato com o auditório	• forma verbal no futuro perifrástico (*vou continuar a falar*) e expressão adverbial (*mais um pouco*). • fórmula de agradecimento (*muito obrigado*).

Quadro 8. Estratégias de gestão interacional da exposição.

A gestão interacional da exposição não é tarefa simples para aprendizes iniciantes, tanto que nas primeiras fases de aprendizagem da exposição é muito comum que a distribuição e a ordenação das intervenções dos expositores, por exemplo, não sejam lexicalizadas, sendo conduzidas por gestos, mímicas faciais ou direcionamento do olhar, entre outros recursos.

Com a progressão da aprendizagem do aluno, é possível incrementar sua capacidade de gerir a exposição, podendo-se valer de recursos que a tornem ao mesmo tempo mais articulada e mais receptiva ao engajamento do auditório.

Estratégias de progressão do tema da exposição

A progressão do tema da exposição pode ser realizada pelo uso de diferentes estratégias que ajudam, por um lado, a contextualizar o tema, chamando a atenção do auditório para ele, e, por outro lado, a topicalizá-lo, isto é, auxiliam no fracionamento do conjunto de informações a serem expostas. Entre tais estratégias, encontram-se: a *exemplificação*, a *reformulação*, a *narrativização* e o *comentário*.

• Exemplificação

A estratégia de exemplificação permite especificar os conteúdos topicalizados na exposição, assumindo tanto uma função ilustrativa, quanto explicativa desses conteúdos.

Na exposição sobre *papel*, o recurso de exemplicação tem uma função ilustrativa na elocução de Gerusa, quando a aluna, apontando para amostras de papel fixadas em um cartaz, enumera os *tipos de papel*, fazendo isso pelo uso do termo *tipo*.

> **Gerusa:** *aqui nós estamos apresentando alguns tipos de papéis,* **tipo***, o papel cartão, é:: o papel que::, que é tipo um cartão, aí esse daqui é o papel envelope que serve pra::*
> **Camilo:** *colocar car::ta ( )*

Exemplo 8. Trecho de exposição sobre *papel*.

A exemplificação assume a mesma função ilustrativa na elocução de Peres sobre *formigas*. Nesse caso, a introdução de exemplos de *tipos de formigas* é anunciada pelo aluno por meio da expressão *vou citar algumas*.

> **Peres:** *nós estávamos falando um pouco aLI sobre:: é:, os tipos de formigas, que existem, mais de milhares de tipos de formigas divididas pelo mundo inteiro,* **vou citar algumas** *aqui que eu, botei aqui no meu caderno, que eu me lembro... temos a formiga PREta que é aquelas formigas pretonas, a tachi, a formiga de fogo, e outras outras aí, que dão aquelas ferradas violentas*

Exemplo 9. Trecho de exposição sobre *formigas*.

Já na exposição a seguir, também sobre *formigas*, a estratégia de exemplificação tem uma função explicativa na leitura oral de Gorete, que busca clarificar o modo de reprodução das formigas por ação da rainha, sendo introduzida pelo uso da conhecida expressão *por exemplo*.

> **Gorete:** *"a rainha, andando pelo formigueiro, ela sabe do que ela precisa, porque a rainha bota o ovo que vai nascer,* **por exemplo**, *se ela precisa DE uma jardineira que são as operárias que cuidam do FUNdo do jardim, no fundo ela bota ovos pra jardineiras, se ela precisa de carregadeiras ou cortadeiras, ela bota ovos para cortadeiras e PRA carregadeiras"*

Exemplo 10. Trecho de exposição sobre *formigas*.

A estratégia de exemplificação atua sobre uma porção específica do conjunto de informações que os alunos expõem e pelo uso de diferentes marcas linguísticas, a saber:

Expositores	Informações topicalizadas	Marcas linguísticas
Gerusa	tipos de papel	*tipo*
Peres	tipos de formiga	*vou citar*
Gorete	diferentes lugares do formigueiro em que a formiga rainha bota ovos	*por exemplo*

Quadro 9. Estratégia de exemplificação.

• Reformulação

Quanto à estratégia de reformulação, pode incidir sobre e reorganizar porções textuais de diferentes extensões e com graus diversos de transformação dessas porções. A reformulação tem uma função didática, buscando tornar mais explícito para o interlocutor o conteúdo topicalizado. O que motiva a ação de reformular do expositor é, portanto, o interesse em saber se o que foi exposto será compreendido pelo auditório.

Notemos que na exposição sobre *formigas*, a seguir, Gorete interrompe a leitura oral que vinha fazendo sobre *os diferentes lugares do formigueiro em que a formiga rainha bota ovos* para explicitar o que são *operárias estéreis*, sendo a reformulação introduzida pela expressão *quer dizer*.

> **Gorete:** *"a rainha ainda tem uma arma secreta para manter a harmonia em ( ), em/ sua grande maioria ela só produz operárias estéreis", **quer dizer**, o as/as operárias não podem ter filhos (...)*

Exemplo 11. Trecho de exposição sobre *formigas*.

Vejamos agora como a estratégia de reformulação ocorre na exposição sobre nuvens. Logo após a abertura da exposição, Vilmar anuncia o tema, apresenta seus colegas, marca o início da exposição e dá uma definição de nuvem.

> **Vilmar:** *bom dia pessoal*
> **Auditório:** *bom dia*
> **Vilmar:** *o nosso assunto é a nuvem... eu sou o vilmar, ele é o josé, o geraldo, ele é o dilson... vamos começar... nuvem é um conjunto, de partículas diminutas de gelo ou água **ou seja** nuvem é formada por gelo ou água*
> **José:** *as nuvens podem ser transportadas pelo vento **ou seja** a/o vento pode levar elas/a elas a qualquer lugar*

Exemplo 12. Trecho de exposição sobre *nuvens*.

A estratégia de reformulação realizada por Vilmar opera sobre uma porção específica da definição exposta, aquela relativa aos componentes da nuvem (*gelo e água*). A reformulação é introduzida pela expressão *ou seja*.

O mesmo reformulador é usado por seu colega José para fazer uma paráfrase[3] do que já havia dito (*as nuvens podem ser transportadas pelo vento*). Isso acontece porque José é responsável por introduzir um novo conteúdo – *o deslocamento das nuvens*.

Por fim, vejamos um caso em que a estratégia de reformulação ocorre no intercâmbio das elocuções de dois expositores. Trata-se do momento da exposição sobre *chuvas* em que Peres e Juvenal se voltam para um cartaz sobre o tema, ora apontando para suas imagens, ora lendo ou explicando suas informações.

[3] Segundo Petit, no *Dicionário de Análise do Discurso* (2004, p. 366), "A **paráfrase** é uma relação de equivalência entre dois enunciados, um deles podendo ser ou não a reformulação do outro (...). De uma maneira geral, a paráfrase exige uma continuidade semântica entre os dados que aproxima. Por mais óbvia que seja a ligação, sua presença é necessária para a manutenção da relação".

> **Peres:** *aí como vocês podem ver, tem, um cartaz aqui falando sobre a chuva também, aqui, a chuva sobre as árvores, "a chuva é um fenômeno meteorológico que consiste na precipitação de água sobre a superfície da terra, a/a chuva forma-se nas nuvens"*
>
> **Juvenal:** *quer dizer, a chuva fi/a chuva fica:: nas nuvens em gotinhas, por isso que no texto está dizendo que ela só::.... mede um centímetro... "as gotas de chuva não se parecem nada com as lágrimas, como se pensa, as menores com menos de um milímetro de raio são esféricas"... ou seja, elas ficam na:: superfície::, da:: terra*
>
> **Peres:** *aqui como vocês podem ver tem, a gente botou aqui umas fotografias*
>
> **Juvenal:** *os EXEMplos↑, os exemplos de gotas das chuvas*

Exemplo 13. Trecho de exposição sobre *chuvas*.

Notemos que Juvenal reformula a porção de texto lida por Peres relativa ao *lugar de formação da chuva*, acrescentando a informação sobre o *tamanho das gotas de chuva*. Em seguida, ao tentar reformular a porção do texto por ele mesmo lida, acaba por hesitar ao acrescentar uma informação de cuja veracidade talvez não estivesse tão certo (*elas ficam na superfície da terra*).

A reformulação ocorre uma terceira vez: Juvenal nomeia os objetos para os quais Peres aponta no cartaz, referidos por ele como *fotografias*, recategorizando-os como *exemplos*. Nesse caso, a reformulação não é introduzida por uma marca linguística particular, mas pela entoação ascendente e ênfase da elocução de Juvenal, buscando confirmar para o auditório que eram *exemplos* aquilo a que seu colega se referia.

No quadro a seguir encontra-se a síntese do conjunto de informações sobre o qual incide a estratégia de reformulação nas exposições que acabamos de apresentar, bem como as marcas linguísticas que a sinaliza.

Expositores	Informações topicalizadas	Marcas linguísticas
Gorete	• operárias estéreis	• *quer dizer*
Vilmar	• componentes da nuvem (gelo e água)	• *ou seja*
José	• deslocamento das nuvens pelo vento	• *ou seja*
Juvenal	• lugar de formação da chuva; • { } • o termo fotografias	• *quer dizer* • *ou seja;*

Quadro 10. Estratégia de reformulação.

• Narrativização

A estratégia de narrativização permite o desenvolvimento do roteiro temático da exposição de maneira indireta, ou seja, a exposição é mediada pelo relato de fatos reais ou imaginários. Ela pode atuar tanto na contextualização do tema da exposição, quanto na topicalização dos conteúdos do roteiro.

Diferentemente do que ocorre com as estratégias de exemplificação e reformulação que, de maneira geral, deixam mais a mostra os conteúdos expostos, com a narrativização esses conteúdos são camuflados nos **eventos** e nas **ações** relatados pelo expositor.

Para o professor Jean-Michel Adam,

> A **ação** se caracteriza pela presença de um **agente** – ator humano ou antropomórfico – que provoca ou tenta evitar uma mudança. O **evento** acontece sob o efeito de **causas**, sem intervenção intencional de um **agente**. (ADAM, 2008, p. 224; grifos do autor).

Um bom exemplo de uso da estratégia de **narrativização** ocorre na exposição sobre *cobras*, quando Tânia relata um evento visto na televisão e Arlindo outro de que participou como protagonista. Os relatos dos alunos ao final da exposição são bastante significativos porque dão corpo a um conteúdo não abordado anteriormente pelo grupo, exatamente aquele relativo aos acidentes decorrentes do eventual contato com cobras.

Tânia: *uma vez eu vi na televisão, era um menino que/ que ele foi pro sítio do avô... aí, ele/ele tava sem camisa veio uma cobra de oito metros... então, ela subiu em cima do menino o menino começou a chorar e ( ) gritar*

> **Arlindo:** *ah, teve uma vez quando eu fui pra um igarapé com o meu avô, tava brincando na água aí eu senti um negócio gelado passando por cima do meu braço, quando eu olhei era uma cobra d'água, a minha mãe saiu/a minha mãe gritou e aí saíram me puxando da água*

Exemplo 14. Trecho de exposição sobre *cobras*.

Outro caso de uso da estratégia de narrativização ocorre no planejamento da exposição sobre *formigas*, quando Peres relata um evento visto no Programa *Catalendas*, transmitido pela TV Cultura do Pará, sobre um tipo específico de formiga chamada de *tachi*. Sentado no chão e recostado na parede externa da sala, o caderno está entre suas pernas cruzadas.

Embora o aluno não tenha levado esse relato para a exposição efetiva de seu grupo, vale mencioná-lo a título de ilustração da habilidade que as crianças costumam demonstrar com relação à estratégia de narrativização.

> **Peres:** *a história que eu vi, sabe tio?, eu vi uma história no catalendas do/da tachi, da tachi, em que ela ela/ an/antes da tachi ela/ela já era uma formiga também, ela não mordia, ela não fazia nada, aí ela/ela pediu pra deus uma vez que, porque todo mundo encarnava nela que ela não conseguia fazer nada, nem morder, aí uma vez ela pediu pra deus que o deus fizesse ela fazer alguma coisa, deus deu/ deus deu o poder pra ela de morder, disse que/ disse que sua/ sua picada não poderia matar, mas poderia dar uma DOR, infernal, aí ela, como teve esse poder, deus não tinha como retirar o poder dela ela ficou fazendo mal a maioria das pessoas*

Exemplo 15. Relato de Peres no planejamento da exposição sobre *formigas*.

O quadro a seguir sintetiza os conteúdos sobre os quais incide a estratégia de narrativização na exposição sobre *cobras* e no planejamento da exposição sobre *formigas*, bem como as marcas linguísticas que introduzem os relatos feitos.

Expositores	Informações topicalizadas	Marcas linguísticas
Tânia	acidentes decorrentes do eventual contato com cobras	*uma vez eu vi na televisão, era um menino*
Arlindo		*teve uma vez quando*
Peres	tipos de formigas: *a formiga Tachi*	*a história que eu vi, sabe tio?, eu vi uma história*

Quadro 11. Estratégia de narrativização.

• Comentário

Por fim, o comentário é outra estratégia que promove a progressão do tema da exposição. Pelo comentário, o expositor encena um posicionamento com relação ao conteúdo exposto.

Trata-se talvez da estratégia que permite o maior grau de distanciamento do expositor com relação ao roteiro temático da exposição, uma vez que busca não exatamente topicalizar seus diferentes conteúdos, mas submeter à apreciação do auditório uma determinada verdade sobre eles, ou seja, o valor de verdade desses conteúdos. O comentário tem, portanto, um caráter altamente argumentativo.

Em outras palavras, o comentário é a estratégia mais sensível à individualidade do expositor, representando ocasião em que ele complementa à sua maneira os conteúdos expostos, conforme seu repertório pessoal de conhecimentos.

Na exposição sobre *papel*, a seguir, Juvenal faz um comentário sobre os efeitos negativos da extração de árvores para a fabricação de papel. Notemos que a inserção desse comentário aparece apenas ao final da exposição, como se a natureza da informação exposta pressupusesse os demais conteúdos expostos pelo grupo, condição para que Juvenal pudesse distanciar-se deles e arrematar a exposição, curiosamente chamada por ele de *comentário*. Assim, o comentário do aluno não incide sobre um conteúdo específico da exposição, mas sobre seu tema geral (*papel*).

> **Juvenal:** *o extraimento das árvores de papel pode fazer mal para o meio ambiente, contribuindo com o aquecimento global, e assim terminamos, **o comentário** sobre o papel*

Exemplo 16. Trecho de exposição sobre *papel*.

Como dissemos, as estratégias de gestão interacional da exposição e de progressão de seu conteúdo temático são interdependentes. Suas funções foram apresentadas separadamente apenas para efeito de sua melhor identificação. Assim, as estratégias de gestão interacional da exposição exercem papel central na busca de adesão do auditório ao tema e na manutenção dessa adesão, por meio, por exemplo, da antecipação do tema e da articulação de seus conteúdos ao longo da exposição. As estratégias de progressão do tema, por sua vez, baseiam-se na tentativa constante do expositor em fazer o auditório compreender os conteúdos, interessar-se por eles e, desse modo, aderir à exposição.

Sugestões de atividades

As estratégias que apresentamos estão longe de serem as únicas que movem a exposição. O professor pode identificar o conjunto de estratégias de que as crianças já se apropriaram (como, por exemplo, a narrativização por meio do relato de experiência pessoal) e, a partir daí, promover atividades para que possam tanto incrementar essas estratégias, quanto se apropriar de outras que ainda não conhecem. Assim, pelo menos uma parte das atividades pode-se basear em exposições audiogravadas realizadas pelos próprios alunos ou por outros integrantes da comunidade escolar (professores de outras disciplinas, familiares dos alunos, funcionários da escola, líderes de associações de bairro etc.), além daquelas recuperadas nos ambientes midiáticos (programas televisivos, emissões radiofônicas, produções da internet etc.).

A seguir, apresentamos algumas propostas de atividades voltadas para o trabalho sobre a organização global da exposição e sobre as estratégias de formulação textual que promovem seu funcionamento.

PROPOSTA 1. Organização global da exposição
- *Objetivos*
I. Identificar e sequenciar as fases da organização global de uma exposição.
II. Inserir fases ausentes em uma exposição e excluir fases inadequadamente integradas a ela.
- *Atividades*
1. Correspondência entre trechos de exposições realizadas pela turma e as fases da organização global da exposição

Fases	Trechos de exposições
(1) Início da exposição	[ ] *o estudo dos répteis chama-se herpetologia da palavra grega herpéton que significa aquilo*
(2) Desenvolvimento da exposição	[ ] *e aqui acaba nossa exposição*
(3) Fechamento da exposição	[ ] *bom dia pessoal, hoje nós vamos comentar um pouco sobre o assunto das cobras... todos vocês devem saber que as cobras/ todas as cobras são carnívoras*

Exemplo de ficha de correspondência entre trechos de exposições realizadas e fases da organização global da exposição

2. Preenchimento da lacuna com o trecho de abertura e de fechamento mais adequados para as exposições transcritas, a partir de um conjunto de trechos de abertura e de fechamento transcritos em tiras de papel. Discussão coletiva sobre as razões das escolhas feitas.

Abertura	
Desenvolvimento	XXXXXXXXXXXXXXXXXXXX
Fechamento	XXXXXXXXXXXXXXXXXXXX

Exemplo de ficha de inclusão da fase de abertura de uma exposição.

Abertura	XXXXXXXXXXXXXXXXXXXX
Desenvolvimento	XXXXXXXXXXXXXXXXXXXX
Fechamento	

Exemplo de ficha de inclusão da fase de fechamento de uma exposição.

3. Indicação do trecho da fase de desenvolvimento que não se ajusta às demais fases da exposição transcrita, a partir de uma lista de trechos de desenvolvimento. Discussão coletiva sobre as razões da inadequação do trecho.

Fases	Exposição sobre X
Abertura	XXXXXXXXXXXXXXXX
Desenvolvimento 1 XXXXXXX	
Desenvolvimento 2 XXXXXXX	
Desenvolvimento 3 XXXXXXX	
Fechamento	XXXXXXXXXXXXXXXX

Exemplo de ficha de indicação do trecho de desenvolvimento adequado para a exposição transcrita.

PROPOSTA 2. Estratégias de funcionamento da exposição

a) *Estratégias de gestão interacional*

- Objetivos: elaborar e discutir formas de:

I. instaurar o contato com o auditório na abertura e no fechamento da exposição; e

II. distribuir as intervenções dos expositores.

- Atividades

1. Proposição de abertura para exposição.

Abertura de exposição sobre *vento*	Tarefa
bom dia... hoje nós estamos apresentando um trabalho sobre o vento	Refazer a abertura da exposição oralmente com os colegas. Não esquecer de acrescentar o que julgar que está faltando nela.

Exemplo de exercício de refacção da abertura da exposição.

2. Em grupo, discussão sobre a forma de fechamento de uma das exposições realizadas na turma. Proposição de outro fechamento, gravando-o e discutindo com os colegas as novas configurações inventadas para ele.

Fechamento de exposição sobre *vento*	Registro de opinião sobre o fechamento	Novo fechamento
J: (...) *nós queríamos ... é... falar algumas coisas que/ que acontecem num país por causa dos ventos... que eles destroem várias casas..é... vários lugares do mundo... ele pode... pode derrubar prédios, casa e...* A: *outras coisas* J: *... outras coisas* A: *... acabou tio* JV: *... terminou tio*		

Exemplo de ficha de avaliação e proposição de fechamento da exposição.

3. Exibição de uma das exposições realizadas na turma, identificando as formas de distribuição das intervenções dos expositores: a) da abertura para o desenvolvimento; b) no desenvolvimento e c) do desenvolvimento para o fechamento. Propor outras maneiras de fazer essa distribuição.

Transição das fases da exposição	Formas de distribuição das intervenções	Outras formas de distribuição das intervenções
Abertura → Desenvolvimento		
Desenvolvimento		
Desenvolvimento → Fechamento		

Exemplo de ficha de formas de distribuição das intervenções dos expositores.

b) *Estratégias de progressão do roteiro temático*
- Objetivos

I. Contextualizar o tema da exposição.

II. Topicalizar os conteúdos do tema da exposição pelas estratégias de *exemplificação, reformulação, narrativização* e *comentário*.

- Atividades

1. Exibição de uma das exposições realizadas pela turma, identificando os enunciados de contextualização de seu tema no início da fase de desenvolvimento do roteiro. Proposição de outros enunciados que podem substituir os enunciados da exposição exibida (por exemplo, substituir o enunciado *Nós vamos falar para vocês sobre a chuva* por *O assunto que trataremos em nossa exposição é chuva*).

2. Exibição de exposição da televisão, do rádio ou da internet, identificando a forma com que seu tema é contextualizado e propondo outra forma de contextualização (por exemplo, pelo relato de um evento, pela descrição de uma cena ou pela inserção de trilhas sonoras ou animações).

3. Exibição de exposição realizada pela turma ou recuperada em ambiente midiático, identificando as estratégias usadas pelo expositor para topicalizar seu tema. Transcrição do trecho da exposição referente às estratégias usadas e registro dos conteúdos a que elas se referem.

Estratégias	Trechos da exposição	Conteúdos
Exemplos dados pelo expositor (Exemplificação)		
Outros modos de expor o mesmo conteúdo (Reformulação)		
Histórias ou fatos contados pelo expositor (Narrativização)		
Comentários do expositor sobre o tema (Comentário)		
XXX (Outras estratégias)		

Exemplo de ficha de identificação de estratégias de topicalização do tema da exposição.

4. Elaboração de trechos de exposição pelo uso de diferentes estratégias para a topicalização de um mesmo conteúdo. Gravação e transcrição dos trechos de exposição inventados e discussão coletiva sobre as soluções encontradas pela turma.

Conteúdo	Estratégias	Transcrição de trechos de exposição inventados
Modos de se proteger da poluição	Exemplificar	
	Relatar um fato	

Exemplo de ficha de uso de diferentes estratégias de topicalização de um mesmo conteúdo.

5. Elaboração de trechos de exposição pelo uso de uma mesma estratégia (por exemplo, a reformulação) para a topicalização de um mesmo conteúdo. Gravação e transcrição dos trechos inventados e discussão coletiva sobre as soluções encontradas pela turma.

Conteúdo	Duas formas de "dizer de novo" a definição
O que é um tsunami? *Tsunami é...*	

Exemplo de ficha de uso da estratégia de reformulação.

CAPÍTULO 4
RECURSOS SEMIÓTICOS DA EXPOSIÇÃO

No capítulo anterior, dissemos que a realização da exposição consiste em dar voz às palavras do acervo. Com essa afirmação estamos supondo, entre outras coisas, que se trata de fala a ação de que nos ocupamos. Mas em que consiste mesmo a ação de falar?

A fala ou produção oral pode ser considerada, como sugerem os professores Bernard Schneuwly e Joaquin Dolz, como *produção corporal através da voz*. Para eles,

> a voz do corpo é, ao mesmo tempo, a nossa própria, que produzimos e percebemos, e a dos outros. Vibrações que se tornam sons; sons que se tornam gritos, cantos, palavras; manifestações de si e dos outros, ações e verbo (DOLZ; SCHNEUWLY, 1998/2004, p. 161-2).

Desse modo, quando o expositor dá voz às informações roteirizadas no momento do planejamento da exposição, sua elocução é emoldurada por um conjunto de recursos semióticos que o subsidiam em sua performance, na tarefa de promover e manter o envolvimento de seu auditório com a exposição.

Em outras palavras, a realização da exposição por meio da fala do expositor é imersa em um campo em que se conjugam diferentes semioses e se combinam diferentes recursos semióticos, entre os quais: qualidade da voz, recursos prosódicos (velocidade e ritmo da fala, pausa, entoação etc.) e recursos cinésicos (gestualidade, expressividade facial e corporal). Assim, como muito bem definiu a professora Anna Christina Bentes, "quando falamos, nos damos a ver aos outros e não apenas nos fazemos ouvir" (2011a, 2011b).

Vejamos a seguir alguns usos dos recursos em exposições produzidas pelos alunos do 4º ano do ensino fundamental, cujas vozes já ecoaram em outras passagens deste livro. São de três tipos os recursos que enfocaremos:

- recursos prosódicos;
- expressividade facial e olhar;
- gestualidade.

Notemos que esses diferentes recursos não agem separadamente na produção oral: o mais frequente é que sejam manejados conjuntamente pelo falante, mantendo entre si relações de interdependência. É sua orquestração que dá o tom da exposição, influenciando o modo com que ela será compreendida pelo auditório. Desse modo, a distribuição que apresentamos a seguir objetiva apenas tornar mais visível aquilo que, na situação real, opera em conjunto.

Recursos prosódicos

Um exemplo da interdependência dos recursos é a função que determinados **recursos prosódicos**

– como entoação e pausa – assumem na exposição sobre o vento, a seguir. Após a leitura oral feita por seus colegas de trechos do texto base selecionados previamente, José encadeia um comentário que busca enumerar os impactos do vento na vida da população.

> **José:** *nós queríamos apre/é:: falar algumas coisas que a::/que acon/acontecem num PAís (por causa) dos ventos, que eles destroem várias casas, é::... vários lugares do mundo... e::le pode... ((**dezesseis segundos**)) pode derrubar prédios...*
> **Alba:** *casas, e outras coisas↓*
> **José:** *e outras coisas↓...*
> **Alba:** *acabou tio...*
> **José:** *terminou tio*

Exemplo 17. Trecho de exposição sobre *vento*.

A entoação descendente com que José vai finalizando seu turno de fala é um convite ou uma solicitação à Alba para que agregue outros elementos à enumeração. A hesitação de sua colega com a solicitação inesperada é antecipada por uma pausa longa, depois da qual a aluna introduz um último elemento na lista, repetido em seguida por José, ambos emitidos em entoação descendente.

Ora, a combinação de entoação descendente e pausa, associada à hesitação, dá a impressão de que o conteúdo tratado – os impactos do vento – vai-se pouco a pouco esgotando e a exposição paulatinamente ralentando, encerrando-se imediatamente, com anúncio de seu fim dirigido ao professor.

Podemos dizer, portanto, que a entoação e a pausa podem ser recursos prosódicos relevantes para sinalizar a abertura e o fechamento de determinados tópicos de conteúdo da exposição e mesmo para delimitá-la em suas fronteiras – na abertura, quando a entoação ascendente (↑) marca a saudação ao auditório – e no fechamento, quando a entoação descendente (↓) anuncia o final da exposição, como ocorre com a exposição que os alunos realizaram sobre nuvens.

Pedro: *bom dia pessoal↑,*
Auditório: *bom dia*
Pedro: *hoje a gente vamos apresentar um trabalho sobre, as nuvens*
(...)
Felisberto: *existem três tipos e/quatro tipos de nuvens, a nuvem de convecção, convergência, tapográfica, tapo/tapográfia e:: levantamento frontal*
(...)
pronto↓, já acabamos nosso, comentário sobre:: NUvens↓

Exemplo 18. Trecho de exposição sobre *nuvens*.

Expressividade facial e olhar

Além dos recursos prosódicos, a expressividade facial, incluído o **olhar**, é relevante recurso que subsidia e ancora a elocução do expositor. Entre as variadas funções que esse recurso pode assumir está aquela presente na exposição sobre cobras. Nela, o olhar de Tânia seleciona e indica o próximo colega a falar, assumindo uma função interacional relevante de gestão da intervenção de cada um dos colegas do grupo.

> **Tânia:** *porém algumas cobras/porém as cobras comem pequenos animais incluindo lagartos e outras cobras*

Exemplo 19. Trecho de exposição sobre *cobras*.

Figura 28. Olhares de Tânia e Raquel.

Fonte: Banco de Dados do Grupo de Pesquisa LIPRE

Gestualidade

Por fim, a gestualidade é recurso dos mais centrais na exposição oral, uma vez que ganha corpo em ligação estreita com os elementos do ambiente da exposição (lugares, iluminação, disposição das cadeiras etc.), com os modos de disposição espacial dos expositores e do auditório (ocupação de lugares, espaço pessoal, distâncias, contato físico etc.) e com os artefatos materiais presentes no meio e utilizados pelo expositor como instrumentos de auxílio à exposição (como cartazes, transparências em retroprojetor, *slides* em *data show* etc.).

Esses artefatos de apoio à exposição tornam-se cada vez mais incrementados com os recursos de computação gráfica que permitem a reconfiguração das conhecidas transparências do retroprojetor, com suas imagens e seus textos fixos sendo animados em formatos como ***power point***[1] ou ***prezi***[2], por exemplo.

A gestualidade pode assumir uma dupla função na exposição:
• a função interacional de apresentação dos integrantes do grupo, no início da exposição, ou de distribuição das intervenções dos expositores; e
• a função de progressão do roteiro temático da exposição.

[1] **Microsoft PowerPoint** é um programa utilizado para criação/edição e exibição de apresentações gráficas.

[2] O **Prezi** é um programa utilizado para a criação de apresentações de forma não linear, vindo para substituir o *software* comumente utilizado Power Point. Disponível em: <http://pt.wikipedia.org/wiki/Prezi>. Acesso em: 30 jan. 2011.

A função interacional pode ser ilustrada pela exposição sobre nuvens. Vilmar toca com a mão duas vezes seu colega José: na primeira, para apresentá-lo; na segunda, para sinalizar que é a vez dele de falar.

Figura 29. Toque com a mão de Vilmar em José.

Fonte: Banco de Dados do Grupo de Pesquisa LIPRE.

Figura 30. Toque com a mão de Vilmar em José.

Fonte: Banco de Dados do Grupo de Pesquisa LIPRE.

Vilmar: *o nosso assunto é a nuvem... eu sou o vilmar, ele é o josé,*
ele é o geraldo e ele é o dilson... vamos começar... nuvem é um conjunto, de partículas diminutas de gelo ou água **ou seja** *nuvem é formada por gelo ou água*
José: *as nuvens podem ser transportadas pelo vento* **ou seja** *a/o vento pode levar elas/a elas a qualquer lugar*

Exemplo 20. Trecho de exposição sobre *nuvens*.

Quanto à função da gestualidade para a progressão do tema, vejamos três exemplos de exposições em que o **gesto de apontar** se conjuga com o uso de textos e imagens em transparências ou em cartazes. Na primeira situação, ao expor sobre *os impactos do vento no ambiente*, Fátima aponta para a imagem projetada na parede, acompanhando o gesto com o uso do termo *aqui*.

Fátima: *aqui você vê:: a fiGUra, do/do vento tão forte que derruba a tempestade... ele vai levando a árvore*

Exemplo 21. Trecho de exposição sobre *vento*.

Figura 31. Fátima aponta para imagem projetada na parede.

Fonte: Banco de Dados do Grupo de Pesquisa LIPRE.

Na segunda situação, quando Gerusa expõe sobre os *tipos de papel*, o gesto de apontar é não apenas acompanhado pelo uso da expressão dêitica *esse daqui*, mas também projetado: o gesto é, ao mesmo tempo, dito e representado visualmente.

> **Gerusa:** *as gráficas também u/usam papel no tamanho A3 que é **esse daqui**, que é esse tamanho que eles usam*

Exemplo 22. Trecho de exposição sobre *papel*.

Figura 32. Gerusa aponta para imagem projetada na parede.

Fonte: Banco de Dados do Grupo de Pesquisa LIPRE.

Na terceira situação, Felisberto, ao expor sobre *formigas*, aponta e reformula as informações no cartaz com o auxílio de uma caneta, na medida em que as vai oralizando.

> **Felisberto:** *as formigas são os mais populares entre os insetos, pertencem a ordem dos, himenópteros, tendo como principais características dois pares de asas, ou nem um, os olo/olonepteros e muitos vivem em sociedade. bom pessoal **aqui diz que** a formiga, ela tem, DUas características, ela pode nascer com, duas asas ou nem uma, e **aqui também diz** que ela vive em sociedade*

Exemplo 23. Trecho de exposição sobre *formigas*.

O gesto de apontar, nessas três situações, tem a função de localização de informações sobre o tema em textos e imagens mostrados pelo auxílio dos cartazes e transparências no retroprojetor.

Há ainda outros gestos que também se mesclam à elocução do expositor em íntimo vínculo com os instrumentos utilizados na exposição. Vejamos uma situação em que o gesto assume a função de ilustrar as informações dos cartazes utilizados, ou seja, de descrever os conteúdos expostos.

Figura 33. Felisberto lê informações no cartaz.

Fonte: Banco de Dados do Grupo de Pesquisa LIPRE.

Em sua exposição sobre *nuvens*, Juvenal reforça pelo gesto o tamanho das gotas de água que formam a chuva.

Figura 34. Juvenal faz gesto de gotinhas de chuva.

Fonte: Banco de Dados do Grupo de Pesquisa LIPRE.

> **Juvenal:** *quer dizer, a chuva fi/a chuva fica:: nas nuvens em gotinhas, por isso que no texto está dizendo que ela só::..... mede um centímetro*

Exemplo 24. Trecho de exposição sobre *nuvens*.

Por fim, vejamos uma situação em que esse conjunto de recursos se mostra de maneira orquestrada na dupla função de desenvolver o roteiro temático da exposição e de manter o envolvimento do auditório.

Para introduzir o conteúdo relativo aos *tipos de papel*, Gerusa utiliza-se de um cartaz contendo amostras de papel com legendas informando seu nome. Auxiliada por seu colega Camilo, a aluna aponta para cada um dos tipos de papel expondo suas diferentes funções.

> **Gerusa:** *aqui nós estamos apresentando alguns tipos de papéis, tipo, o papel-cartão, é:: o papel que::, que é tipo um cartão, aí esse daqui é o papel envelope que serve pra::*
> **Camilo:** *colocar car::ta ( )*
> **Gerusa:** *esse daqui é papel com pauta que é::*
> **Camilo:** *que a gente se escreve*
> **Gerusa:** *que a gente usa (nas provas)... é o lenço de papel, aquele que serve pra limpar a boca quando a gente tá:: comendo. Esse daqui é o papel:: farenziti, é aquele papel que quando você vai para*
> **Camilo:** *[a gente usa*
> **Gerusa:** *um aniversário você embrulha:: ( )... esse aqui é o papel ( )*
> **Camilo:** *papel-jornal*
> **Gerusa:** *é, o papel-jornal*
> **Camilo:** *aonde::*

> **Gerusa:** é:: aonde eles usa::m (o papel)
> **Camilo:** (é) mais informaçõ::es
> **Gerusa:** é... aí aqui, é o papel:: imprensa que é que:: (revistas) que eles usam para dar informações como o papel-jornal... aqui é o papel LAMINAdo, é aquele que você usa para:: cobri::r bolo e a/e outras refeições... esse daqui é o papel higiênico ((sorrindo)) que você usa **para, algumas coisas que você está no banheiro.**

Exemplo 25. Trecho de exposição sobre *papel*.

Figura 35. Gerusa enumera amostras de papel no cartaz.

Fonte: Banco de Dados do Grupo de Pesquisa LIPRE.

O instante de visível reação dos colegas à elocução de Gerusa – risos após a sugestão da função do papel higiênico – corresponde ao momento de associação robusta de diferentes recursos semióticos. A expressão usada para definir a função do papel higiênico – *algumas coisas* – é precedida por uma breve **pausa**. O **cartaz** com exemplares dos tipos de papel, à esquerda da aluna, é o suporte para o qual ela **aponta** e **direciona seu olhar**. À sua direita, está o auditório e à frente seu colega Camilo. Durante sua exposição Gerusa **gira** seu corpo regularmente, ora confrontando o cartaz, ora o auditório, ora ainda seu colega, e **gesticula** com as mãos.

Como podemos imaginar, é a orquestração desses recursos que promove a adesão de Camilo e do auditório pelo riso. Não seria demais acrescentar outro qualificador ao estatuto do expositor, agora por analogia a uma das mais sofisticadas técnicas de expressão semiótica, a música: sob muitos aspectos, a ação do expositor pode ser comparada a do **maestro**.

Essa natureza multissemiótica da elocução do expositor é um interessante objeto para um trabalho específico do professor, já que supõe a conjugação de diferentes capacidades e habilidades. Muitas vezes, aquilo que se busca explicar como inibição ou timidez de muitos alunos que se sentem acuados de falar em público pode ter a ver com a complexidade que a fala assume na exposição.

Um trabalho voltado para os recursos multissemióticos envolvidos na realização da exposição pode enfocar diferentes usos desses recursos, a fim de instrumentalizar o aluno para se apropriar deles como fortes aliados em sua tarefa de expor.

Sugestões de atividades

Nos primeiros anos do ensino fundamental, o trabalho pode-se iniciar com o incremento de um dos instrumentos mais presentes na cultura escolar – a leitura oral. Embora seja considerada não raro um indício de que o aluno não dominou o assunto de sua exposição ou mesmo de que não aprendeu a expor, uma vez que fica preso a um texto escrito, a leitura oral pode ser a porta de entrada para o exercício da fala pública, com a promoção de atividades que explorem progressivamente diferentes maneiras de oralizar um texto e os efeitos que pode gerar no auditório: atividades como de leitura compartilhada e de leitura dramática podem ser mencionadas a título de exemplo.

Outra possibilidade bastante significativa para a percepção dos recursos semióticos que acompanham a fala do expositor é a audição de textos que explorem, por exemplo, a alternância de fonemas e o ritmo da produção sonora, como aqueles disponibilizados pela equipe do Projeto *Palavra Cantada*, disponibilizados em sua página eletrônica <http://www.palavracantada.com.br>.

A seguir, apresentamos algumas propostas de atividades voltadas para a percepção e o exercício de alguns recursos semióticos da exposição oral.

PROPOSTA 1: Recursos prosódicos

- *Objetivo*: identificar e discutir o uso de recursos prosódicos na exposição oral.
- *Atividades*

1. Exibição de exposição recuperada em ambiente midiático, identificando a função e os efeitos da altura e qualidade da voz e da entoação na elocução dos expositores. Discussão sobre como esses recursos se relacionam aos conteúdos expostos (por exemplo, no programa *De onde vêm o raio e o trovão*, perceber a alteração da voz do personagem Raio-Trovão na medida em que se desenvolve sua exposição).

Conteúdo exposto	Trecho da exposição	Como é a voz do personagem
Processo de formação do trovão	*Um ar ao redor de um raio fica super quente, e CRESCE, provocando uma EXPLOSÃO! Aí as nuvens são empurradas e provocam este estrondo ES-PE-TA-CU-LAR*	
Diferença de percepção do raio e de percepção do trovão	*Olhe só este exemplo: experimente atirar uma pedrinha na água, perto de um barquinho de papel. Você vai ver umas ondinhas se formarem em volta do lugar onde a pedra caiu.*	

Exemplo de ficha de identificação da altura e qualidade da voz na elocução do personagem Raio-Trovão.

Ouvir as perguntas que a personagem Kika faz e discutir com os colegas como fica sua voz ao final dessas perguntas.

Exemplo de exercício de identificação de entoação na elocução da personagem Kika.

2. Exibição de exposições realizadas pelos alunos e discussão sobre diferenças na voz dos expositores conforme as fases da exposição (*por exemplo, alteração da entoação na abertura e no fechamento*).

3. Exibição de exposições realizadas pelos alunos, identificação das pausas dos expositores e discussão sobre por que elas foram feitas.

Trecho da exposição sobre *ventos*	Colorir o momento em que ocorrem pausas na elocução do expositor. Identificar o momento de maior pausa e escrever abaixo o porquê ele precisou fazê-la.
José: *nós queríamos apre/é:: falar algumas coisas que a::/que acon/acontecem num PAís (por causa) dos ventos que eles destroem várias casas é:: vários lugares do mundo e::le pode pode derrubar prédios*	

Exemplo de ficha de identificação das pausas na elocução do expositor.

PROPOSTA 2. Expressividade facial e olhar

• *Objetivo*: identificar, discutir e exercitar o uso dos recursos expressividade facial e olhar.

• *Atividades*

1. Em dupla, invenção de mímicas faciais na exposição do conteúdo de um determinado tema proposto pelo colega.

2. Exposição de um conteúdo proposto pela turma com o auxílio do olhar (*por exemplo, utilizar o olhar para enfatizar etapas do processo de formação de um fenômeno como o trovão*).

3. Exibição de exposições realizadas pelos alunos e discussão sobre a função do olhar na distribuição das intervenções dos expositores (*por exemplo, no olhar que o expositor lança a seu colega sinalizando que passa a vez para ele falar*).

Imagem do olhar de Iago direcionado a sua colega Raquel	Assistir à exposição sobre *vento* e responder: Por que Iago olha para sua colega Raquel neste momento da exposição?
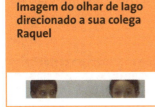	

Exemplo de ficha de identificação da função do olhar na exposição sobre *vento*.

Figura 36. Olhares de Iago e Raquel.

Fonte: Banco de Dados do Grupo de Pesquisa LIPRE.

PROPOSTA 3. Gestualidade

- *Objetivo*: identificar, discutir e exercitar o uso gestualidade na exposição oral.
- *Atividades*

1. Exibição de exposições realizadas pelos alunos e discussão sobre a função do gesto na distribuição das intervenções dos expositores. Discussão particularmente sobre a adequação do gesto de toque com as mãos no colega que, em muitos casos, pode causar mais tensão do que auxiliá-lo na tomada da palavra.

2. Invenção de gestos na exposição de um conteúdo sugerido pela turma.

3. Invenção de gestos sobre um dado tema e convocação da turma para levantar hipóteses sobre a que tema o gesto realizado se refere.

PROPOSTA 4. Recursos de auxílio à exposição

- *Objetivos*

I. Avaliar recursos de auxílio usados na exposição (cartazes, transparências em retroprojetor, projetores de *slides* como o *data show* etc.).

II. Confeccionar recursos de auxílio à exposição.

- *Atividades*

1. Discussão sobre os recursos de auxílio usados na exposição dos colegas (*por exemplo, avaliar a*

adequação do tamanho das letras e das imagens nos cartazes).

Cartaz utilizado na exposição sobre chuvas	O que você acha do cartaz utilizado pelos colegas em sua exposição sobre *chuvas*?

Figura 37. Juvenal e Peres leem informações no cartaz.

Fonte: Banco de Dados do Grupo de Pesquisa LIPRE.

Exemplo de exercício de avaliação do uso de cartaz na exposição sobre *chuvas*.

2. Confecção de cartazes, de transparências para retroprojetor ou de *slides* em *power point* ou em *prezi* para a exposição. Discussão sobre a diferença de recursos conforme o tema da exposição.

CAPÍTULO 5
A REAÇÃO DO AUDITÓRIO

Nos capítulos anteriores vimos que a tarefa do expositor começa antes que ele realize de fato a exposição: inicia-se com o acesso ao acervo de informações produzidas nas práticas sociais e disponibilizadas em diferentes suportes e mídias. O acesso é apenas a porta de entrada para o trabalho que vem em seguida: o expositor decompõe os repertórios de saberes com que entra em contato, deixa o acervo a mostra. Um primeiro diálogo é construído nessa cadeia de ações entre o expositor e os textos em que circulam as informações do acervo. Um diálogo construído na base da indagação, da escuta e da interpretação do acervo.

Se o percurso de produção da exposição começa antes de sua realização efetiva, não termina com ela: na sequência dessa tarefa, o expositor recompõe o acervo em um produto, uma versão, um objeto a ser compartilhado com um público específico. Ao animar as palavras do acervo para o auditório, o expositor busca-lhe a adesão, busca seu envolvimento. Cabe não esquecer que se trata, antes de tudo, de momento de intensa negociação, uma das mais complexas ações de linguagem.

Algumas reações do auditório são percebidas no transcorrer mesmo da exposição, e servem de sinalizador, para o expositor, de eventuais percepções do auditório com relação à exposição e da necessidade de redefinir ou enfatizar aspectos do roteiro planejado. Um exemplo de reação simultânea à exposição é a risada do auditório em relação à forma como Gerusa apresenta a função do papel higiênico.

Há outro grupo de reações do auditório às quais se reserva um tempo específico, em geral após o encerramento da exposição. Trata-se, nesse caso, de momento altamente interativo que supõe, por parte do expositor, a reformulação de passagens da exposição realizada ou a abordagem de aspectos não tratados mas que aparecem nas perguntas ou comentários que o auditório formula. A esse último, por sua vez, é franqueada a possibilidade de pedir esclarecimentos complementares sobre o tema da exposição, além de avaliar a performance do expositor.

Neste capítulo, destacamos alguns dos modos com que o professor pode trabalhar o desenvolvimento da capacidade de reflexão do aluno sobre a exposição realizada. Acompanhemos uma exposição sobre o *significado das estrelas da Bandeira Nacional brasileira* que foi objeto de reflexão pelo grupo de colegas que compunha o auditório.

A exposição é realizada por Gerusa, José e Alan que se encontram alinhados um ao lado do outro e sentados em carteiras escolares. À sua frente estão os colegas, seu auditório. A exposição é ancorada na leitura oral dos expositores de um texto sobre o tema a que tiveram acesso previamente.

Gerusa abre a exposição saudando o público com sorriso no rosto e logo anunciando o tema da exposição. Em seguida, introduz o primeiro conteúdo – uma informação sobre a *configuração da primeira Bandeira Nacional*. Hesita inicialmente e, auxiliada imediatamente por José, passa a ler o texto.

> **Gerusa:** *bom dia para todos*
> **Auditório:** *bom dia*
> **Gerusa:** *hoje nós estamos apresentando um trabalho sobre a::: o significado da bandeira/ o significa/ o significado das estrelas da bandeira do brasil... "a primeira bandeira republicana era muito parecida com a dos estados unidos, só que tinha listras verdes e amarelas, e não vermelhas e brancas"*

Exemplo 26. Trecho de exposição sobre o *significado das estrelas da Bandeira Nacional brasileira*.

José intervém logo em seguida, dando continuidade à leitura oral e introduzindo um conteúdo complementar ao de Gerusa – *a razão da distinção da bandeira brasileira com relação à norte-americana*. O expositor hesita em uma primeira leitura, interrompe-a e a reinicia.

Logo depois, dando por concluída sua leitura, toca com as duas mãos seu colega Alan, sentado a sua esquerda, sinalizando que passava a vez a ele. Alan então dá continuidade à leitura do texto em tom fraco, quase inaudível.

> **José:** *"como os militares não queriam que o povo ligasse o governo ao/ ao governo americano, ao ao brasileiro, como os militares não queriam que o povo liga/ ligasse é:: o governo americano ao brasileiro"*
> **Alan:** *"em dezenove de novembro do ano de mil novecentos e oitenta e nove ela foi substituída pela bandeira brasileira atual"*

Exemplo 27. Trecho de exposição sobre o *significado das estrelas da Bandeira Nacional brasileira*.

Após a exposição dessas informações de caráter historiográfico, é José quem retorna para finalizar a exposição, apresentando a informação que responde à questão pressuposta no tema anunciado no início por Gerusa – *o significado das estrelas da bandeira*. Ao final de sua leitura e após uma breve pausa, ele anuncia o final da exposição.

Exemplo 28. Trecho de exposição sobre *o significado das estrelas da Bandeira Nacional brasileira.*

> **José:** *"cada estrela corresponde a um estado bra/ do brasil, com o passar do tempo novos estados foram sendo criados e outros extintos"*
> **José:** *acabamos*

A leitura oral realizada pelos três expositores constrói a coesão temática da exposição – as informações históricas sobre o processo de criação da bandeira antecipam e introduzem a definição do significado de suas estrelas –, o que indica que houve algum planejamento prévio do grupo quanto à distribuição e à ordenação de suas intervenções, com base na leitura prévia do texto sobre o tema.

Concluída a exposição, é o professor quem faz a abertura para a participação do auditório: – *ok, alguma questão para o grupo?*

Ler ou explicar?

Quem primeiro solicita a palavra é Dilson, que emite opinião sobre o comportamento de um dos expositores. Sua colega Tânia o retifica em tom de pergunta, já que o momento não seria de avaliação. O professor, então, instiga os alunos a formularem novas questões.

> **Dilson:** *tio, o alan falou mais rápido do que os dois*
> **Tânia:** *qual a pergunta dilson?*
> **Professor:** *alguém mais?*
> *alguém mais gostaria de fazer pergunta?*

Exemplo 29. Trecho de diálogo com o auditório após a exposição sobre *o significado das estrelas da Bandeira Nacional brasileira.*

As duas reações que se seguem à solicitação do professor incidem sobre o tema da exposição. É Tânia quem solicita inicialmente a palavra para pedir esclarecimento sobre a informação exposta por Alan que ela não havia *entendido*. Nesse momento, José se volta para seu colega Alan e lê o trecho anteriormente lido. Sua leitura é auxiliada por Alan.

> **Tânia:** *é::, o que foi que aconteceu depois, depois de mil novecentos e::? aí eu não entendi o resto que o alan falou*
> **José:** *que em dezenove de novembro do ano de mil novecentos e oitenta e nove ela foi substituída pela bandeira brasileira atual*

Exemplo 30. Trecho de diálogo com o auditório após a exposição sobre *o significado das estrelas da Bandeira Nacional brasileira.*

Outro colega do auditório, Arlindo, intervém em seguida, tentando complementar a informação sobre as alterações feitas na bandeira brasileira, subtópico de que tratou Gerusa.

> **Arlindo:** *( ) eu vi um/outras bandeiras que já tiveram no brasil, foram mais, tinha outras, antes dessa daí que parecia com os estados/ com a dos estados unidos tinha uma/ tinha uma outra que parecia com essa, só que o símbolo do meio era outro*

Exemplo 31. Participação do auditório após a exposição sobre *o significado* das *estrelas da Bandeira Nacional brasileira.*

Finalizado o comentário de Arlindo, a reação do auditório ganha outro tom a partir da intervenção de

Gorete, que levanta a mão pedindo para falar e confessa: — *eu não ouvi nem entendi o que eles falaram.* Aproveitando a ocasião, o professor solicita mais reações do auditório; desta vez, solicita que avalie o grupo expositor: — *alguém gostaria de avaliar a equipe?*

O que se inicia a partir desse momento é um diálogo acirrado entre o auditório e os expositores em torno da performance do grupo expositor.

Rosa: *tio, eles/ eles não explicaram muito assim, o alan/ eles todos explicaram, mas o alan, ele falou muito rápido, ele não explicou*

Gerusa: *tio, a gente tá lendo e a gente já tá explicando, esse é um texto que na hora que a gente tava lendo, a gente já tá explicando*

Tânia: *ê tio, é:: o grupo/ o grupo deles é: o grupo da gerusa, ele foi BOM, só que eles tinham que explicar mais um pouco, eu sei, como a gerusa, falou, eles leram e explicaram, mas eles deveriam LER, dá uma parada e explicar o que eles/*

Rosa: *[eles deviam ler menos e explicar mais, tão falando*

Exemplo 32. Trecho de diálogo com o auditório após a exposição sobre *o significado das estrelas da Bandeira Nacional brasileira.*

O ponto central da reflexão coletiva é introduzido por Rosa quando assinala que o grupo não havia *explicado*, especificamente seu colega Alan, que teria falado *rápido*. Gerusa intervém nesse momento defendendo que a explicação já estaria suposta no próprio ato de ler.

A discussão se aprofunda com a reação de Tânia estabelecendo a distinção entre *ler* e *explicar* e defendendo que ambos deveriam estar presentes na exposição do grupo. Rosa retoma a palavra para explicitar ainda mais a necessidade de equilíbrio dois dois procedimentos.

Entre vozes e intervenções paralelas da turma, José retoma a palavra para justificar por que o grupo teria lido, e é auxiliado por Gerusa, que retorna ao argumento anteriormente apresentado de que a leitura do texto pelo grupo supunha explicação.

> **José:** *( ) a questão é que não tem uma explicação ( ) uma explicação pronta, né? então nós precisamos LER*
> **Gerusa:** *(então vocês tão dizendo) que a gente só leu em vez de explicar, mas ao mesmo tempo que nós estávamos lendo nós estávamos explicando, aquele é:: aquela frase que a gente pegou, entendeu?*

Exemplo 33. Trecho de diálogo com o auditório após a exposição sobre *o significado das estrelas da Bandeira Nacional brasileira.*

É novamente Tânia quem intervém para clarificar sua defesa do equilíbrio entre ler e explicar. Gerusa retoma a palavra para se contrapor à opinião de Tânia – *mas entenda!* –, mantendo a ideia de que sendo o texto autoexplicativo, sua leitura pressupunha a explicação das informações nele constantes.

> **Tânia:** *mas só que olha, é:: vocês tinham, já que::, como a gerusa falou, eles tavam lendo e explicando, o texto já tava (explicado), mas só que, a gente de vez em quando não dá pra perceber que vocês tão lendo e explicando, então, vocês tinham que fazer é:: vocês tinham que ler um pouco! e, explicar mais*
> **Gerusa:** *MAS ENTENDA, porque o texto já fala explicando TU-DO, tudo, tudo, tudo, eu leio o texto, eu leio o texto e ele já tá explicando tudo*
> **Tânia:** *vocês têm que explicar (como) no caderno de vocês, (...) é, porque, vocês/ se fosse pra ler o texto vocês liam tudinho, aí sim, já tava explicando, vocês tinham que tirar as informações do texto, as explicações ( )*
> **Gerusa:** *então*

Exemplo 34. Trecho de diálogo com o auditório após a exposição sobre *o significado das estrelas da Bandeira Nacional brasileira.*

É Lionel quem, a um dado momento, solicita a palavra para defender o grupo, reforçando o mesmo argumento de Gerusa, embora isso não tenha afetado a opinião de Tânia, que agora acresce a seu argumento que a explicação do texto só estaria configurada se o grupo o tivesse lido na íntegra (*tudinho*).

Exemplo 35. Trecho de diálogo com o auditório após a exposição sobre *o significado das estrelas da Bandeira Nacional brasileira*.

> **Lionel:** *(ao mesmo tempo que eles tão lendo) as informações que eles tiraram do texto eles tão explicando.*
> **Tânia:** *sim, mas só se fosse pra ler o texto tudinho, aí sim eles tariam explicando*

A discussão vai-se encerrando com a participação de Gorete, que reformula o argumento de sua colega Tânia identificando a falha do grupo na simultaneidade dos procedimentos de ler e explicar, o que teria *embolado* a exposição, tendo como efeito a não compreensão do auditório.

Exemplo 36. Trecho de diálogo com o auditório após a exposição sobre *o significado das estrelas da Bandeira Nacional brasileira*.

> **Gorete:** *posso falar?, como a tânia disse, é que eles leram, e::: explicaram a mesma/ao mesmo tempo e embolou, e a gente não entendeu nada*
> **Tânia:** *foi*

Como pudemos acompanhar, a reação do público à exposição se voltou a dois de seus aspectos: ao roteiro temático e à performance dos expositores. Em outras palavras, voltou-se:

I. por um lado, para aquilo que os expositores selecionaram do acervo sobre o tema: Tânia solicitou confirmação de uma informação e Arlindo complementou outra;

II. por outro lado, para a maneira como os expositores desenvolveram o roteiro temático: o questionamento é se os expositores leram, explicaram ou fizeram as duas coisas.

Notemos que esse duplo aspecto aparece conjugado na reação do auditório: ao questionar sobre a maneira com que o grupo realizou a exposição, o auditório está de certo modo reagindo à não compreensão das informações sobre o tema. Mas não apenas isso: está sobretudo manifestando uma dada visão sobre *o que é expor*.

Sugestões de atividades

Os momentos de reação do auditório à exposição podem se converter em ocasiões privilegiadas para o incremento da capacidade do aluno de falar *sobre* a exposição, tendo já aprendido a falar *na* exposição. Essa capacidade de *falar e refletir sobre* ou *analisar* a ação realizada pode atuar de modo significativo no desenvolvimento do pensamento crítico do aluno. A reação dos alunos pode incidir não apenas sobre as exposições dos colegas, mas também sobre sua própria exposição, configurando-se, portanto, como autoavaliação.

A seguir, apresentamos algumas propostas de atividades voltadas para a reação do público, no que se refere tanto ao conjunto de conteúdos expostos, quanto à performance dos expositores ao expô-los.

PROPOSTA 1. Avaliação dos conteúdos expostos
- *Objetivo*: avaliar o conjunto de conteúdos expostos.

- *Atividades*

1. Exibição de exposições realizadas pelos alunos e elaboração de perguntas que poderiam ser propostas ao grupo expositor sobre o tema exposto.

Trecho da exposição sobre *papel*	Pergunta ao grupo expositor
Juvenal: *o extraimento das árvores para fazer papel pode fazer mal para o meio ambiente contribuindo com o aquecimento global... e assim terminamos o comentário sobre o papel*	Se você fizesse parte do auditório no momento da exposição sobre *papel*, qual pergunta você faria para o expositor dessa informação?

Exemplo de exercício de avaliação do desenvolvimento do roteiro temático da exposição sobre *papel*.

2. Exibição de exposições realizadas pelos alunos e proposição de complementação de uma determinada informação exposta.

PROPOSTA 2. Avaliação da *performance* dos expositores

- *Objetivo*: avaliar o modo como os colegas e o próprio grupo a que pertende o aluno que ocupa a posição de auditório expuseram o tema.
- *Atividades*

1. Exibição de exposições realizadas pelos colegas e levantamento de seus pontos fortes e fracos. Discussão coletiva sobre os aspectos levantados.

2. Autoavaliação do modo como se deu a exposição do grupo a que pertence o aluno que ocupa a posição de auditório.

PROPOSTA 3. Elaboração de critérios para avaliação da exposição

- *Objetivo*: discutir e elaborar grade de critérios para avaliação das exposições realizadas pela turma.

- *Atividade*: com base nas discussões sobre os conteúdos expostos e a *performance* dos expositores, elaboração coletiva de uma grade de avaliação para a exposição oral.

Aspectos a serem avaliados	Critérios de avaliação
1. Organização global da exposição	a) É possível reconhecer o começo, o meio e o fim da exposição do grupo?
2. Conteúdo da exposição	b) Qual o assunto exposto pelo grupo? Por que ele se tornou tema de uma exposição?
	c) Os conteúdos expostos se referem ao tema anunciado?
3. Forma de exposição dos conteúdos	d) Como o conteúdo foi distribuído entre os participantes do grupo?
	e) Como foi a passagem da vez de falar de um expositor a outro do grupo?
	f) O que o grupo fez para o auditório compreender os conteúdos expostos? (Exemplificação, Reformulação, Narrativização, Comentários etc.)
	g) Quais recursos o grupo utilizou para o auditório compreender os conteúdos expostos (Voz, Expressão facial, Olhar, Gestos etc.). Como esses recursos foram utilizados?
	h) Quais instrumentos de auxílio à exposição o grupo utilizou (Cartaz, Transparências, Slides etc.). Como esses instrumentos foram utilizados?
4. Auditório	i) Como o grupo se relacionou com o auditório?
	j) Como o auditório se relacionou com o grupo?
5. Sugestões	k) Quais sugestões você daria para aperfeiçoar a exposição do grupo?

Exemplo de grade de avaliação da exposição.

OUTRA QUESTÃO NA PONTA DA LÍNGUA: POR QUE EXPOR?

Foram duas as grandes partes em que se dividiu este livro. Em conjunto, elas desenham o funcionamento geral da produção da exposição oral: seu planejamento e sua realização. Essas duas ações encontram seu ponto comum no confronto de textos de diferentes gêneros textuais disponibilizados em suportes e mídias diversos.

Nessa perspectiva, o que é mais saliente na exposição oral é sua propriedade de colocar em diálogo uma multiplicidade significativa de textos e de locutores. O expositor orquestra esse diálogo. Inicialmente, convoca para a cena o auditório social em que circulam as fontes do acervo de informações de sua exposição. Planejada a exposição, convoca para a cena outro auditório social, aquele com quem compartilha a produção textual gerada com base nas fontes acessadas. Há relação intertextual, portanto, no planejamento e na realização da exposição.

Mas esse não é obviamente um modelo de formato fechado. No trabalho de ensino da exposição, o professor pode optar tanto por explorar cada um dos componentes das duas partes isoladamente, enfatizar determinados aspectos desses componentes e aprofundar outros. Ou mesmo pode propor outro desenho e outro modo de sequenciação dos componentes. Em determinadas situações, poderá ser mais útil iniciar o trabalho com exposições preliminares, sem muito planejamento prévio, com vistas a diagnosticar o que os alunos conhecem sobre a ação de expor e, com base nisso, delinear os aspectos a serem ensinados.

Assim, qualquer que seja o formato de exposição pelo qual o professor optará, o importante é não perder de vista aquilo que está na base da ação de expor: o modo como os conhecimentos são produzidos, distribuídos e apropriados pelos indivíduos. Daí que não basta ao trabalho de ensino saber *o que é expor* e *como expor*, como fizemos neste livro. Ao professor caberá a tarefa mais significativa: refletir sobre *por que expor na escola*.

Uma das indicações para refletir sobre essa questão está em um dos mais sutis achados do professor Luis Antonio Marcuschi, quando afirma que "produzir um texto é oferecer espaços sociocognitivos mediante processos de enunciação seletivos e enquadres (*frames*) que geram inferências (novos espaços mentais) mediante a integração de conhecimentos (*blending*)" (Marcuschi, 1999, p. 6).

O que está em jogo, portanto, quando produzimos um texto é principalmente o modo como conhecemos. Não é diferente com a exposição oral, com a vantagem de que seu exercício permite o encontro (confronto, reencontro) de textualidades e subjetividades, sendo esse movimento talvez o motor justamente de toda prática de apropriação do conhecimento.

A escolha dos temas é ponto central no trabalho de ensino da exposição oral. O professor pode começar sugerindo os primeiros temas, conforme o que conhece de seus alunos, e negociar com eles a proposição de outros temas. O mais importante nessa escolha talvez seja um princípio central na reflexão do professor Paulo Freire e muitas vezes esquecido na escola: ela só tem razão de existir se puder familiarizar os alunos daquilo que lhes é distante e distanciá-los daquilo que lhes é familiar, para que possam pouco a pouco incrementar sua maneira de pensar sobre os bens culturais que circulam na sociedade, tomando consciência de que são patrimônio de todos, são dos outros e podem também ser seus. E aprendam a compartilhá-los com seus familiares, seus vizinhos, seus amigos, com as comunidades em que vão se inserindo ao longo de sua vida.

Em uma palavra, ao ensinar a exposição oral, a escola estará incrementando os modos de acesso e apropriação de saber por seus alunos, ao mesmo tempo que poderá ampliar os universos de diálogo passíveis de serem construídos por eles com diferentes auditórios, nos primeiros anos do ensino fundamental e também nos outros projetos de vida com que se acharem envolvidos, na escola e fora dela.

NORMAS DE TRANSCRIÇÃO

Ocorrências	Sinais
Incompreensão de palavras ou segmentos	( )
Hipótese do que se ouviu	(hipótese)
Truncamento (havendo homografia, usa-se acento indicativo da tônica e/ou timbre)	/
Entoação enfática	maiúscula
Entoação ascendente	↑
Entoação descendente	↓
Prolongamento de vogal e consoante (como s, r)	::
Silabação	-
Interrogação	?
Pausa curta	,
Pausa longa	... (se muito longa, indicação do tempo entre parênteses duplos)
Comentários descritivos do transcritor	(( ))
Superposição, simultaneidade de vozes	[ligando as linhas
Indicação de que a fala foi tomada ou interrompida em determinado ponto	(...)
Citações literais ou leituras de textos	" "

REFERÊNCIAS

ADAM, Jean-Michel. *A linguística textual:* introdução à análise textual dos discursos. São Paulo: Cortez, 2008.

ALVES, Jane Miranda. *A apropriação de um gênero oral formal e público – a exposição – por crianças da 3ª série do ensino fundamental.* 2009. Dissertação (Mestrado em Letras – Estudos Linguísticos). Belém: Instituto de Letras e Comunicação, Universidade Federal do Pará.

ALVES FILHO, Francisco. *Gêneros jornalísticos:* notícias e cartas de leitor no ensino fundamental. São Paulo: Cortez, 2011. Col. Trabalhando com... na escola.

BENTES, Anna Christina. *Linguagem oral: gêneros e variedades.* Campinas, SP: UNICAMP/REDEFOR, 2011a. Material digital para AVA do Curso de Especialização em Língua Portuguesa REDEFOR/UNICAMP.

_____. *Linguística textual: tipologias, agrupamentos e textualidade.* Campinas, SP: UNICAMP/REDEFOR, 2011b. Material digital para AVA do Curso de Especialização em Língua Portuguesa REDEFOR/UNICAMP.

BENTES, Anna Christina. Linguagem oral no espaço escolar: rediscutindo o lugar das práticas e dos gêneros orais na escola. In: ROJO, Roxane; RANGEL, Egon (Org.). *Explorando o ensino*: Língua Portuguesa. Brasília: Ministério da Educação, 2010. p. 15-35.

CASTRO, Lorena B. de. *O processo de apropriação do gênero seminário por alunos da 8ª série do ensino fundamental*. 2007. Trabalho de Conclusão de Curso (Licenciatura em Letras). Belém: Instituto de Letras e Comunicação, Universidade Federal do Pará.

CHAVES, Maria Helena Rodrigues. *O gênero seminário escolar como objeto de ensino*: instrumentos didáticos nas formas do trabalho docente. 2008. Dissertação (Letras: Linguística e Teoria Literária). Belém: Instituto de Letras e Comunicação, Universidade Federal do Pará.

COSTA, Joseane S. *O processo de apropriação do gênero exposição oral como objeto de ensino*. 2007. Trabalho de Conclusão de Curso (Licenciatura em Letras). Belém: Instituto de Letras e Comunicação, Universidade Federal do Pará.

DOLZ, Joaquim; SCHNEUWLY, Bernard; PIETRO, Jean-François de; ZAHND, Gabrielle. A exposição oral. In: SCHNEUWLY, Bernard; DOLZ, Joaquim. *Gêneros orais e escritos na escola*. Campinas: Mercado de Letras, 2004. p. 215-46.

FREIRE, Paulo. *A importância do ato de ler*: em três artigos que se completam. São Paulo: Cortez, 1982.

_____. *Pedagogia do oprimido*. Rio de Janeiro: Paz e Terra, 1970.

GOFFMAN, Erving. *Façons de parler*. Trad. do inglês por Alain Kihm. Paris: Les Éditions de Minuit, 1987.

GOMES, Luiz Fernando. *Hipertexto no cotidiano escolar*. São Paulo: Cortez, 2011. Col. Trabalhando com... na escola.

GOULART, C. *As práticas orais na escola*: o seminário como objeto de ensino. 2005. Dissertação (Linguística: Sociolinguística). Campinas: Instituto de Estudos da Linguagem, Universidade Estadual de Campinas.

_____. Uma experiência com o ensino do gênero exposição oral em seminário no ensino fundamental. In: *Moara*. Belém: Instituto de Letras e Comunicação, Universidade Federal do Pará, n. 26, 2006, p. 78-92.

KOCH, Ingedore Grunfeld Villaça; BENTES, Anna Christina; CAVALCANTE, Mônica Magalhães. *Intertextualidade*: diálogos possíveis. São Paulo: Cortez, 2007.

MACHADO, Anna Rachel; LOUSADA, Eliane; ABREU--TARDELLI, Lília Santos. *Resumo*. São Paulo: Parábola Editorial, 2004.

MARCUSCHI, L. A. *Da fala para a escrita* – atividades de retextualização. São Paulo: Cortez, 2003.

_____. Cognição e produção textual: processos de referenciação. Conferência no II Congresso Nacional da ABRALIN. UFSC, Florianópolis, Santa Catarina, 2009 (mimeo.).

PETIT, Gerard. Paráfrase. In: CHARAUDEAU, Patrick; MAINGUENEAU, Dominique. *Dicionário de análise do discurso*. São Paulo: Contexto, 2004, p. 366.

ROJO, Roxane H. R.; SCHNEUWLY, B. As relações oral/escrita nos gêneros orais formais e públicos: o caso da conferência acadêmica. *Linguagem em (Dis)curso*, v. 5, p. 603/6, 2006.

SCHNEUWLY, Bernard; DOLZ, Joaquim (Orgs). *Gêneros orais e escritos na escola*. Campinas: Mercado de Letras, 2004.

ÍNDICE DE FIGURAS

Figura 1. Página da Revista *Ciência Hoje das Crianças On-Line*.

Figura 2. Osmar Pinto Junior.

Figura 3. Abertura do Programa *De onde vêm o raio e o trovão*.

Figura 4. Meteorologista portando capa e guarda-chuva.

Figura 5. Diálogo entre a personagem Kika e a personagem Raio-Trovão.

Figura 6. Relâmpagos e trovões.

Figura 7. Processo de formação do raio.

Figura 8. Processo de formação do raio.

Figura 9. Processo de formação do raio.

Figura 10. Processo de formação do raio.

Figura 11. Diferença de velocidade entre luz e som.

Figura 12. Garoto atirando pedra.

Figura 13. Barco de papel flutuando no rio.

Figura 14. Formação do trovão.

Figura 15. Nuvens *Cumulus Nimbus*.

Figura 16. Benjamin Franklin.

Figura 17. Para-raios.

Figura 18. Figura 18: Meteorologista em trajes de verão envolto em boia de natação.

Figura 19. Exposição da personagem Kika.

Figura 20. Despedida da personagem Kika.

Figura 21. Abertura do programa *Pequenos Cientistas*.

Figura 22. Personagens Rex e Diná.

Figura 23. Tarja com inscrição *O que é?*.

Figura 24. Geólogo Fernando Alves Pires.

Figura 25. Fósseis.

Figura 26. Plataforma de petróleo e indústria de gás.

Figura 27. Tarja com inscrição *Quando eu crescer eu vou ser.*

Figura 28. Olhares de Tânia e Raquel.

Figura 29. Toque com a mão de Vilmar em José.

Figura 30. Toque com a mão de Vilmar em José.

Figura 31. Fátima aponta para imagem projetada na parede.

Figura 32. Gerusa aponta para imagem projetada na parede.

Figura 33. Felisberto lê informações no cartaz.

Figura 34. Juvenal faz gesto de gotinhas de chuva.

Figura 35. Gerusa enumera amostras de papel no cartaz.

Figura 36. Olhares de Iago e Raquel.

Figura 37. Juvenal e Peres leem informações no cartaz.

COLEÇÃO TRABALHANDO COM ...
NA ESCOLA

A Coleção *Trabalhando com... na escola* tem como principal objetivo fornecer um material diversificado, atualizado e inovador para os professores dos ensinos fundamental e médio.

Iniciando-se com objetos de ensino de Língua Portuguesa, cada volume da coleção tem o objetivo de trabalhar com **temas, práticas e/ou objetos de ensino**, oferecendo sugestões metodológicas sobre como trabalhar com eles em sala de aula. As sugestões metodológicas devem ser suficientemente exemplificadoras para que o professor tenha acesso a uma proposta de trabalho que não se restrinja a apenas uma série e para que seja possível mostrar a complexidade inerente de cada tema/prática/objeto de ensino selecionado.

As **sugestões metodológicas** produzidas em cada volume constituem o "coração" da coleção, mas seus volumes também apresentam teorias e/ou conceitos de forma econômica e clara, com o objetivo de ilustrar como o trabalho prático na sala de aula não prescinde de conhecimento téorico e como o conhecimento teórico pode (e deve) iluminar e fomentar práticas didáticas concretas e cotidianas relativas às reflexões sobre a linguagem.

Outra característica da coleção é o pressuposto, que deve guiar todos os volumes, de que **o trabalho de construção do conhecimento sobre determinado tema/prática/objeto de ensino não pode prescindir de um trabalho com/sobre a linguagem**. Nesse sentido, um ponto fundamental da coleção é a centralidade do trabalho com/sobre a linguagem no processo de formação de professores de todas as áreas.

O público-alvo dessa coleção são principalmente pedagogos, professores de língua portuguesa e de literatura, mas também todos os educadores e professores de outras áreas que reconhecem a importância de materiais que relacionem teoria e prática de modo significativo e que necessitem desenvolver nos alunos variadas competências e habilidades nos diferentes tempos e espaços de seu percurso de letramento nos diferentes níveis de ensino. Assim, pressupõe-se que os educadores de todas as áreas encontrem nos volumes da coleção:

a) uma compreensão mais prática dos pressupostos teóricos presentes nos documentos oficiais que resultam das políticas públicas de ensino elaboradas pelo MEC e pelas Secretarias de Educação, nos níveis estadual e municipal;

b) propostas e sugestões metodológicas elaboradas por especialistas em determinados temas e/ou objetos de estudo.

Acreditamos que a Coleção *Trabalhando com... na escola* está desenhada de forma a contribuir concretamente tanto para a contínua formação dos professores como para o estabelecimento de um diálogo mais próximo entre os saberes dos professores das universidades e os saberes dos professores de ensino fundamental e médio das escolas brasileiras.

Anna Christina Bentes
Coordenadora da Coleção
Trabalhando com ... na escola